JN154969

フィンテックで生活が変わる、金融が変わる！

電子マネー革命がやって来る！

安達一彦
山崎秀夫　共著

はじめに

かつてはコンピューターと同義語であったＡＩ（人工知能）。今やＡＩという言葉は一般の人が日常で使うほどポピュラーなものとなりました。しかしこのＡＩには現在、大きく分けて全く違う３つの方式が存在しています。ルールベース、ニューラルネットワーク、それにファジーロジックです。ニューラルネットワーク（ディープラーニング）は入力データの偏りによって偏った結果がもたらされる欠点を持っています。この欠点を補うため、ファジーロジックが使われます。ファジーロジックは主に制御系に使われるもので、この分野では日本が比較的強みを発揮しています。

わたしはこれまでコンピューターの世界に50年近く携わってきましたが、今ほどコンピューターの世界が激変期を迎えているときはないと感じます。コンピューターがいよいよ、経済の中心である金融と本格的に結び付き、交換手段としての貨幣そのものがコンピューターに置き換わっていく時代が到来しているからです。

いまその領域で何が起きているのか。本書はその状況を詳らかにすることを目的に、この分野に詳しい元野村総研の山崎秀夫氏の協力のもと、上梓するものです。読者の皆様に何らかのお役に立てれば幸いです。

（２０１７年3月吉日　安達一彦）

もくじ

第2章　そもそも仮想通貨、電子マネー、ブロックチェーンとは何か？

第3章　仮想通貨とサーバー型電子マネー　世界の動き

序章　黒船電子マネー　日本上陸の衝撃

FIN
TECH

■アップルペイ日本上陸。アクセス集中で接続が一時ダウン

２０１６年10月のある早朝の出来事が、日本の社会に小さなさざ波をたてました。16年10月25日の朝、Ｓｕｉｃａ（スイカ）をスマートフォンでアクセスするアップルペイが一時繋がりにくくなり、Ｓｕｉｃａの登録がほとんどできなくなりました。10月25日はアップルペイの日本でのサービス開始日だったため、アクセスが集中したのです。当日はアイフォン７と同７プラス、アップルウォッチ２を持った多くの若者が誇らしげにＪＲ東日本の改札を通過してゆきました。それは正にアップルペイが日本上陸し、これから起こる社会への衝撃を思わせる朝でした。

米国アップルのサンフランシスコにおける定例の９月メディア・イベント（２０１６年９月10日）に於いてアップルの決済サービスであるアップルペイの日本上陸が発表されました。アップルペイとはアイフォン７などやアップルウォッチ２により、スマートフォンを使って決済ができるサービスです。

クレジットカードや欧米では当たり前の銀行デビットカードなどをアイフォンに登録して、買い物の決済に利用するサービスです。

ＪＲ東日本やクレジットカード各社、サーバー型電子マネーのソフトバンクカードやａｕウォレットは新規顧客の獲得のチャンスと張り切ってキャンペーンを行っていました。例えば三井住友カードの場合、最大、５０００円還元とかＪＣＢの場合、決済金額10％の還元（最大５０００円）、他社もクーポン券配布やポイント還元などキャンペーンを張っていました。タクシー会社の中にはアップルペイでの支払いに対してクーポン券を発行するなどお祭り騒ぎが続きました。ＪＲ東日本の場合にはＳｕｉｃａのＩＣカード利用時に支払ったカード料金５００円を一律還元しています。

アップルは新製品やサービスの発表のための大きなイベントを必ず春と秋に米国で行います。春は通常、アプリ開発者のためのイベントが中心であり、一方秋は新製品のお披露目のためのメディア中心のイベントです。その9月のイベントで新型アイフォン7やスマートウォッチ2の発表とともにアップルペイの日本上陸が大々的に発表された訳です。

そのイベントでは日本用のサービスには、国内で有名な電子マネーのＳｕｉｃａが搭載され、またＳｕｉｃａのためにソニーの決済用フェリカチップが搭載されたということで国内が大騒ぎになりました。

その後アップルCEOのテイム・クック氏がJR東日本の原宿駅でアップルペイをそっと事前テストで利用する様子が記事になるなど俄然、期待が高まっていました。これはアップル社の並々ならぬ日本におけるアップルペイサービス開始への思い入れが感じられるシーンでした。

日本型のアップルペイは、日本用の修正が入っているため、おかしなガラパゴスだとか様々な意見が出ましたが、兎に角、国内の決済サービスもグローバルな波を受けることになったのです。こういった金融の新たな波はフィンテックと呼ばれています。（フィンテックに関しては最終8章で説明）

アップルペイで注目すべきは国内の決済サービスとしてSuicaなどの電子マネーを必ず通すことになった点でしょう。一方ロンドンの地下鉄などではアップルペイに登録されたクレジットカードのまま（電子マネーを経由しないで）改札を通過することができます。つまり欧米はクレジットカード中心、一方日本ではサーバー型電子マネー中心のサービスとして提供されています。

アップルペイへの対応によりJR東日本のSuicaは「サーバー型電子マネー」に生まれ替わりました。つまりこれまでのような「お金がICカードの中にある古い電子マネー（ストアードバリューカード）」から「お金がインターネットの向こう側にあるサーバー型電子マネー」という全く新しいサービスに変身したという訳です。ただし、さすがに他社の電子マネーのような口座管理まではしていません。一方、アンドロイドペイは２０１６年12月13日、楽天Ｅｄｙと組んで静かに日本に上陸しました。Ｅｄｙもサーバー型電子マネーへと静かに変身し始めています。

約３１７兆円の国内民間消費支出（２０１３年総務省家計調査）の内、少額決済市場は40―60兆円とみられています。

また、そのうちＳｕｉｃａなど電子マネー市場は約８兆円（電子決済総覧２０１５～２０１６）と予測されています。

■Ｓｕｉｃａが定着させたガラパゴス電子マネーと変化の波

国内で電子マネーを定着させたのは２００１年にサービスが開始されたＪＲ東日本のＳｕｉｃａであり、楽天Ｅｄｙとともに国内電子マネー普及の急先鋒になりました。

その結果、関東地方中心の鉄道・バス事業者が加盟する電子マネーＰＡＳＭＯ（パスモ）や流通のセブン＆アイ・ホールディングスの電子マネーｎａｎａｃｏ（ナナコ）、イオンリテールの電子マネーＷＡＯＮ（ワオン）などに広がりました。

またＷＡＯＮは２０１５年の年間利用額がイオンリテール一社だけで2兆円を突破したと発表しています。

これはお金がＩＣカードの中にある古い電子マネーであり、本書ではガラパゴス電子マネーと呼んでいます。また２０１０年代はありとあらゆる機器がインターネットにつながるＩｏＴと呼ばれる時代になっています。そういう時代には音楽ＣＤや書籍、そしてテレビ番組のＤＶＤなどモノに価値を置くモノ支配論理商品は、すべからく売り上げが減るとともに、音楽や映像はサーバーからのストリーミングサービス、書籍はインターネットの向こうにあるサーバーからの電子書籍のサービスなどサービス支配論理と呼ばれるサービス価値で稼ぐ商品やサービスに変化しようとしています。

最近では鉱山で使う掘削機械ですらインターネットによる自動運転で「稼働によるサービス」になっています。この流れには「お金」も逆らうことはできません。その結果、現金や紙幣が減り、クレジットカードと共にお金のサービス化とでもいうべきサーバー型電子マネーが台頭しています。音楽ＣＤにおいて音楽がモノとしてＣＤの

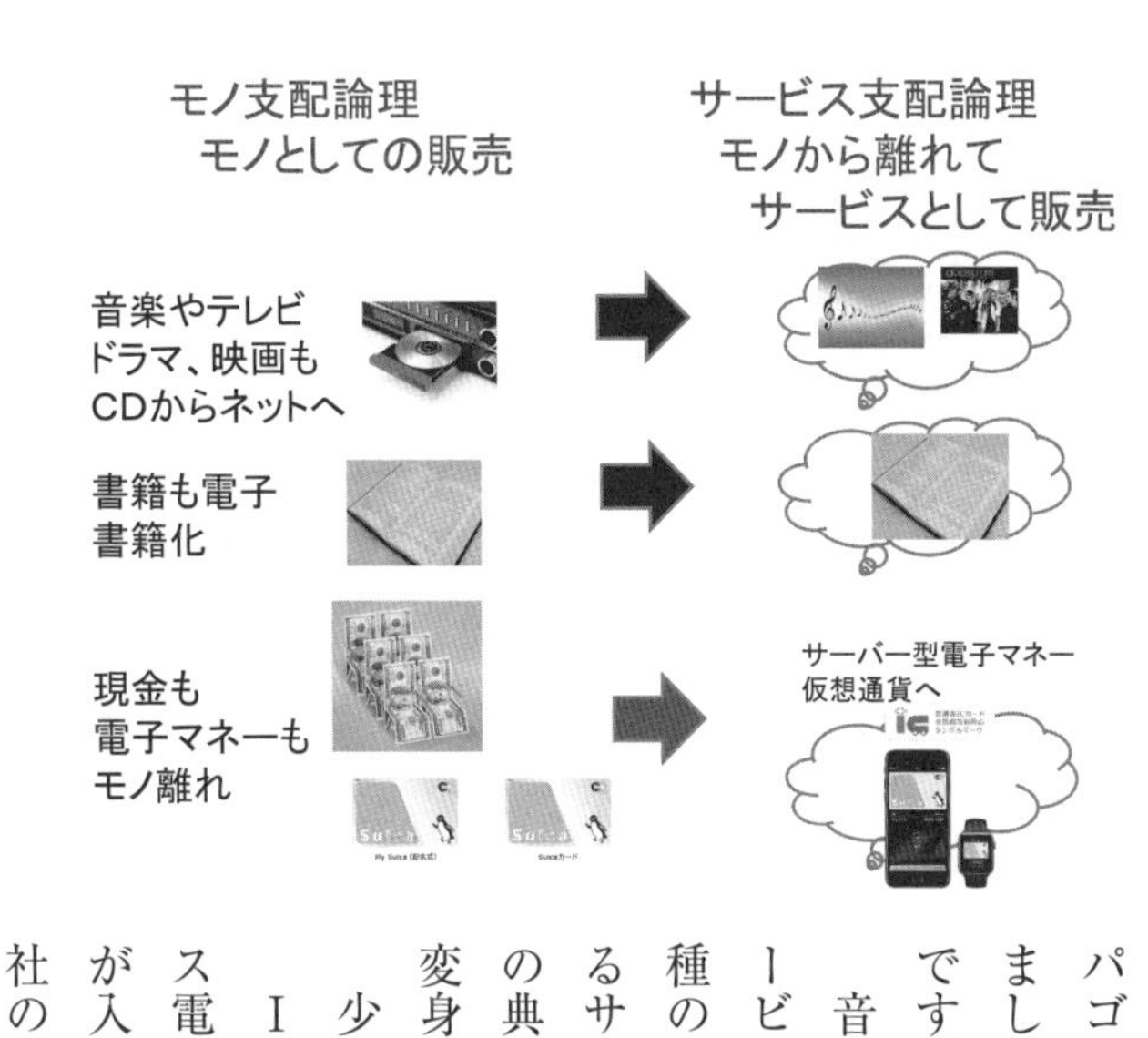

中にあるのと類似しているＩＣカード型ガラパゴス電子マネーは世界では早くから衰退しました。その波がやっと日本にも到来したのです。

音楽がインターネットのストリーミングサービスに変わったのと同様に電子マネーも一種の「お金のストリーミングサービス」であるサーバー型電子マネーに変わりました。その典型例がアップルペイによるＳｕｉｃａの変身です。

少し詳しく解説しましょう。

ＩＣカードのＳｕｉｃａのようなガラパゴス電子マネーはＩＣカードの中にお金の価値が入っており、改札や買い物の結果、鉄道会社のＪＲ東日本や店舗に支払われます。

一方サーバー型電子マネーに変化したＳｕｉｃａは定期券やクレジットカードとともにインターネットの向こう側のアップルウォレットと呼ばれる一種のクラウドサービス・サーバーの中に置かれます。これは電子マネーの残高も定期券も同じです。また、クレジットカードやａｕウォレットやソフトバンクカードなどのサーバー型電子マネー（プリペイドカードと呼ばれている）も同様にアップルウォレットの中に置かれます。

面白いのはそれぞれのクレジットカードは必ずｉＤ（アイディ）またはＱＵＩＣＰａｙ（クイックペイ）と呼ばれるサーバー型電子マネーと紐つけることが日本版アップルペイのみ義務づけられている点です。

例えば店舗でＪＣＢのクレジットカードを使えば、クレジットカードから引き出されたお金が必ず電子マネーのＱＵＩＣペイに転換されて支払われます（アップルペイのＳｕｉｃａ方式）。欧米標準のアップルペイでは、クレジットカードは改札でも店舗決済でもそのまま処理されます。

ＱＵＩＣペイはモバイル決済推進協議会（ＭＯＰＰＡ）が開発した電子マネーですが、実態はＪＣＢのサービスだと考えられています。一方、ｉＤはＮＴＴドコモの開発した電子マネーです。ソフトバンクカードのサーバー型電子マネーはＮＴＴドコモのｉＤに変換されて支払われることになりました。一方ＫＤＤＩのサーバー型電子マネー、ａｕウォレットはＱＵＩＣペイに自動変換されて支払われます。

今回のアップルペイは日本独自のガラパゴス仕様であり、ＮＴＴドコモが反撃に出たと言われている所以です。くわしくは後述します。

■ソニーのフェリカが搭載されたアイフォン7

アップルペイの登場で次に衝撃的だった点は、ソニーが開発したフェリカネットワークスの決済用チップであるフェリカが全世界のアイフォン7とアップルウォッチ2に搭載された点でしょう。

その理由はＪＲ東日本のＳｕｉｃａによる改札処理です。アップルペイにはＮＦＣと呼ばれる決済専用のチップが搭載されています。欧米が決めたＧＳＭＡ標準（短距離無線通信の国際規格）ではこれまでＮＦＣタイプＡとタイプＢが標準でした。この決済チップでは、改札処理に約５秒かかります。

一方、大変混雑しているJRの東京の改札処理はフェリカチップ（NFCタイプF）により、わずか0・1秒で通ることができます。アップルを含む関係各社によりフェリカチップを製造している大日本印刷などで2015年には様々な比較が行われた結果、ソニーが開発したフェリカチップが全世界のアイフォン7とアップルウォッチ2で採用されました。

当然、今後のアイフォン7とアップルウォッチ2の後継機器などアップル製品にはフェリカチップが搭載されます。またアンドロイドOSによるスマートフォンにも当然、フェリカチップが入ることになりそうです。

これまで散々ガラパゴスとか過剰品質と揶揄されてきたソニーの誇るフェリカチップが遂にアイフォン7と共に世界中にばらまかれました。それには並々ならぬ、迫力のある物語が舞台裏で進行していたといわれています。

JR東日本はガラパゴス電子マネー（ICカード型電子マネー）のSuicaを開発し、それをモバイルフォン（携帯電話）に移植するにあたって2004年、NTTドコモやNTTデータと組み、おサイフケータイの仕組み作りに参加しました。また同様にJR東日本はフェリカネットワークスにも資本参加しています。（フェリカネ

ットワークスの資本構成はソニー約57%、ＮＴＴドコモ約38%、ＪＲ東日本約５%）

当初ＪＲ東日本はガラパゴス電子マネー（ＩＣカード型電子マネー）とおサイフケータイという2つの形でのＳｕｉｃａの普及に力を入れてきました。Ｓｕｉｃａのおサイフケータイ版の利用者数は２００６年に３６０万台を超えたとも言われています。

そうした中、時代は２０１０年頃からＩｏＴと呼ばれるすべての機器がインターネットにつながる時代に移行し、電子マネーに対応したウォレットサービス（モバイルフォン上の金融サービス）もアップルペイに代表されるサーバー型のサービスへと変化しました。そうなれば当然、電子マネーもサーバー型電子マネーに変化します。ＪＲ東日本は大きな危機感を感じたのは言うまでもありません。

これまで延々と投資してきたＳｕｉｃａの決済システムがスマートフォンの中で使えないという事態になれば、情報システムが陳腐化します。これはＪＲ東日本にとって大変な損害です。またアップルペイの動きにはアンドロイドペイも確実に追随します。アンドロイドペイは市場リーダーではなく、フォロアーとして成功してきています。

一方ＮＴＴドコモにはアイフォンに関して大きな〝トラウマ〟がありました。２００８年、アイフォンが日本に上陸した際、ソフトバンクの孫さんのトップ外交に負け、一時アイフォンの独占販売権を取られてしまったのです。その結果、スマートフォンの時代になってNTTドコモの市場シェアは、遂に50%を割り込むまでに下落しました。NTTドコモに限らず、通信キャリア3社には「IoT時代になれば、電話を含むあらゆるサービスがインターネットに移行し、自分たちは単なる回線貸しの土管屋になるのではないか」といった危機感があります。その点は通信系各社に共通する課題であり、通信キャリア各社は通信サービス以外にEC(ネット通販)や音楽、動画、電子書籍などに力を入れています。

NTTドコモの場合にはdポイントクラブ(旧ドコモプレミアムクラブ。参加者数5千万人以上)と呼ばれる会員組織があり、NTTドコモの利用者に提携するECや物理店舗での商品・サービスの購入を促す傍ら、顧客の囲い込みのための重要な戦略になっています。NTTドコモは単なる土管屋になるのを防ぐため、新たな収益源を求めて様々な新サービス提供を強化し始めています。

その要がアップルペイに代表される決済サービスを抑える事だったのです。アップルペイには当然、消費者が大好きなポイントも関係します。またアップルペイの店舗決済には必須である電子マネー・iDを様々な店舗に売り込むチャンス(iD加盟獲得のチャンス）をＮＴＴドコモは得ました。いわばアップルペイは錦の御旗です。

また会員クラブであるｄポイントクラブへの参加を様々な特徴ある店舗に対して参加を呼び掛けるきっかけにもなります。ＮＴＴドコモにとってこれは大きな勝利です。

一方アップルの戦略は全世界統一の製品（その代表がアイフォンであり、ユニバーサルプロダクトと呼ばれています）を維持しながら、グローバル市場でシェアを獲得する戦略です。

しかし昨今の中国市場などを見れば明らかですが、アイフォンは既に顧客離れが始まっており、唯一の例外は全体売り上げの８％に上る日本市場だといわれています。そこで日本市場に関しては日本市場専用のアップルペイを、ソフトウェアを修正してでも開発することに同意しました。

また同時にアイフォン７などのハードウェアに関しては世界統一商品という一神教の原則も守りました。

その背景にはソニー系のフェリカネットワークスの全面協力があったのは言うまでもありません。上述したようにフェリカネットワークスはソニー、ＮＴＴドコモ、ＪＲ東日本が株主です。また楽天Ｅｄｙは元来、ソニーが始めたサービスでした。

さて忘れてはならない点はフェリカネットワークスが、アップルペイのような世界共通のウォレットサービスの登場を予測して、かなり前からＮＦＣタイプＡとタイプＢとフェリカ（ＮＦＣタイプＦ）の共通化の準備を進めていた点でしょう。

２０１２年フェリカネットワークスは、ＮＦＣタイプＡとタイプＢのチップを供給するオランダのＮＸＰ（２０１６年10月、米国クアルコムが買収）やサムスンと業務提携してあらゆる種類のＮＦＣチップに対応する統合チップ（ＮＦＣタイプＡ、Ｂ、Ｆ）の開発に乗り出していました。

その成果が今回のフェリカチップのグローバルな規模でのアイフォン７とアップルウォッチ２への搭載、というわけです。

２０１５年ごろから２０１６年10月のアップルペイ上陸までの間、各社のすさまじいドラマがあった点に、筆者らは非常に興味を覚えます。

■フィンテックがもたらすキャッシュレス化の市場規模予測

さて本章の最後に電子マネーにクレジットカードやデビットカードを含む国内のキ

ャッシュレス社会への展望を見てみましょう。

２０１５年の電子マネー市場規模は約８兆円（消費全体の約２・８％）と予想され、クレジットカード決済の約47兆円（消費全体の約１６・４％）、デビットカード決済の約０・７兆円（消費全体の約０・３％）を合わせれば、消費者市場全体の約１９・５％がキャッシュレスで決済されたことになります。

なお、２０１５年の消費における現金などの市場は約２３１兆円と見込まれています。同じ予測によれば、２０１５年の約８兆円の電子マネー決済規模が２０２０年には、約16兆円へと倍増し、市場シェアは約５・６％へと成長します。ちなみに２０２０年にはクレジットカード決済も約65兆円、市場シェアは約２２・５％へと増大します。

デビットカードは約１・４兆円（約０・５％）になります。（電子決済研究所／山本国際コンサルタンツ／カード・ウェーブ、『電子決済総覧２０１５～２０１６』参照）

この予測はアップルペイやアンドロイドペイの上陸前のものであり、キャッシュレス化の速度は上振れすると考えられます。

また米国内では２０２０年に約５兆ドルとなる消費市場全体のうち、約１割に当たる

5000億ドルがモバイル決済で処理されると予測されています。

ただし、既に消費市場における現金比率が20％までに低下したスウェーデンなど北欧諸国と比べれば、現金比率が80％の日本はフィンテックと呼ばれる金融サービスの視点からは後進国と申し上げても過言ではありません。

これは早晩、国内における日本企業の非効率性としてホワイトカラーの生産性の低さとともに問題になるでしょう。これはIoT時代におけるフィンテックに関する日本の後進性にほかなりません。

■アンドロイドペイと三菱東京UFJ銀行

さて米国グーグルが提供しているアップルペイの対抗馬、アンドロイドペイは2016年12月13日にサービスを開始しました。当初発表された組み手は電子マネーEdyを持つ楽天であり、その後に三菱UFJフィナンシャル・グループ（MUFG）やビザ、マスターカードが続くとされています。

日本の電子マネーの歴史を代表するSuica（アップルペイ）と楽天Edy（ア

ンドロイドペイ）はそれぞれの陣営に参加し、見事に対応が分かれました。またアンドロイドペイはフェリカ対応が追加された以外、米国版と変わりがありません。これより楽天Ｅｄｙもまたサーバー型電子マネー対応を行ったと言えましょう。

今後の最大の注目点は三菱東京ＵＦＪ銀行が開発し、２０１７年秋に登場すると言われている仮想通貨ＭＵＦＧコインのアンドロイドペイへの対応です。アップルペイにもアンドロイドペイにもいわゆる仮想通貨に対応した例は未だありません。（仮想通貨とサーバー型電子マネーの類似点、相違点は後述）ＭＵＦＧコインがアンドロイドペイに対応するとなれば、世界で初めての実例になるでしょう。

なお、アイフォンと異なり、既にアンドロイド・スマートフォンの一部はフェリカチップを搭載しており、古い電子マネーである「おサイフケータイ」に対応しています。

ＮＦＣタイプＡ／Ｂと共にフェリカにも同時対応したアンドロイドペイとアップルペイはハードウェアに関しては、共に同じ道を歩んでいます。またアンドロイドペイは「個人口座間送金が可能なグーグルウォレット」と呼ばれるグーグル独自のサーバー型電子マネーがあります。

個人口座間送金などは、アップルが2017年ごろには追加するとみられている新機能です。

■アップルペイとアンドロイドペイの生い立ち

アップルペイは2014年10月に米国でサービスを開始し、2016年10月末現在、米国、カナダ、英国、中国、香港、シンガポール、スイス、フランス、ロシア、豪州、ニュージーランド、日本など12か国でサービスが展開されています。年末にはスペインも加わりました。

対象はクレジットカード、デビットカードとサーバー型電子マネーです。それにアップルウォレットの機能として定期券や航空券や乗車券のようなチケットなどが加わります。

注目すべきは、実はアップルがインターネットのウォレットサービスに出るにあたって議論されていた2つの方式がありました。

一つは現在のアップルストアでみられるようなインターネット決済を店舗に持ち込

む方式（インターネット決済方式やモバイルポス方式）です。そして第二が従来のポスシステムの発展形としての決済方式でした。

欧米のカード会社が推す従来のポスシステムの発展型決済方式の場合には非接触処理のためにＮＦＣと呼ばれる特別なチップが必要になります。

一方、インターネット決済方式やエムポス方式（モバイルポス方式）の場合にはＱＲコード処理や場合によってはクレジットカードを組み合わせて処理をするため、ＮＦＣのような特別なチップは必要ありません。ポス端末の代わりをするスマートフォンやタブレットがあれば十分です。（一部のエムポス方式はクレジットカード用の簡単な付加装置が必要）これは中国のアリペイやウィーチャットペイ、日本のＬＩＮＥペイ、さらに米国のチェイスペイなどが採用している決済方式です。当初インターネットの多くの識者は「アップルはインターネット決済方式やエムポス方式」を選ぶとみていました。

しかし既存の業界との提携関係を重んじるアップルはクレジットカード会社が企画した、ＮＦＣチップが必要な従来のポスシステムの発展型の決済方式を選びました。

さてアップルペイが登場する以前は、グーグルの動きが活発でした。米国ではグーグルがアンドロイドペイの前身であるグーグルウォレットを立ち上げる一方、スプリントを除く米国の通信キャリア3連合もＮＦＣチップが必要な方式であるソフトカードと呼ばれるサービスを立ち上げていました。しかし結局、彼らの力不足で小売業界、クレジットカード業界、金融業界の協力を得られず、この試みは失敗とみなされていました。

そこにアップルペイが登場すると瞬く間に、ほとんどの金融機関やクレジットカード業界、そして多くの小売業の協力を得ました。

「さすがにアップルはすごい」と言われたものです。アップルの経営者ＣＥＯのティム・クックさんは、モノつくりはあまり得意ではありませんが、プロセスイノベーションと呼ばれるアップルペイなどの仕組みつくりは大の得意領域です。今回のアップルペイでその実力がいかんなく発揮されたということです。一方、消費者の参加度合いは、サービス開始から2年たってサービス対象のアイフォン所有者の約23％が利用しているというレベルです。

そこでアップルは米国の学生などが盛んに使っている派手な個人間の送金サービス、ベンモと同じ機能を２０１７年頃には追加するといわれています。（現在のアッ

プルペイはクレジットカードなどを置き換える非常に地味なサービスです）

一方、グーグルはアップルペイの登場を見て上述のソフトカードを買収し、自社のグーグルウォレットと合わせてアンドロイドペイを立ち上げました。（約1年後の2015年9月サービス開始）アンドロイドペイの場合には、米国の若者が大好きな個人間送金ができるリニューアル版のグーグルウォレットが利用できます。この点がアンドロイドペイの利点と考えられています。アンドロイドペイはアップルペイのフォロアーとして、アップルペイとの健全な競争を欲する多くの金融機関や小売業、クレジットカード業者の支持を集めました。

アンドロイドペイは2016年12月現在、米国、英国、アイルランド、豪州、シンガポール、香港、ポーランド、ニュージーランド、日本の9か国でサービスされています。

米国小売業界やクレジットカード業界との妥協から出発したアップルペイですが、クレジットカードやデビットカードを超えてサーバー型電子マネー、更に将来は決済に使用される仮想通貨などを取り込むとみられています。また物理的な店舗だけではなくEC（ネット通販）における決済をも対象にし始めています。

■注目されるアマゾンの動き

アップルやグーグルとインターネットで激しく競り合っているアマゾンもフィンテックには非常に熱心な会社です。

ただし、アマゾンは、一時実施した個人間での無料送金サービスなど様々なフィンテックで失敗しています。アマゾンは今後、買収戦略でフィンテックを強化すると述べており、電子マネーなど決済においても買収戦略がみられるかもしれません。

その理由は、ライバルのeBay（イーベイ）やアリババがサーバー型電子マネーに注力しているからです。eBayはサーバー型電子マネー「ペイパル」を買収し、10年以上傘下に置いていました。なお、ペイパルは既に独立していますが、両者の提携関係は非常に深いものがあります。将来、アマゾンペイのようなサービスの登場も期待できます。

またアリババは中国のナンバーワンのサーバー型電子マネー「アリペイ」を管轄するアント・フィナンシャル・サービス・グループの親会社です。

■アップルペイが象徴する決済と送金変化の5要素

章の最後になりましたが、本書はアップルペイとアンドロイドペイ（2016年秋予定）の登場により、世界に遅れて本格的なキャッシュレス社会を目指して動き始めたフィンテックといわれる日本の金融サービスのダイナミックな変化を、〝決済と送金〟に焦点をあてて見ていきます。

まず第一がスマートフォンによるモバイル決済（モバイルウォレット）であり、これはアップルペイ、アンドロイドペイが象徴します。

二番目はスマートフォンアプリなどとポス端末とコンタクトレスに通信したり、ポス端末に化けるエムポス（モバイルポス）などのポス端末のトレンドです。

三番目が変化を促進する要素としての現金やクレジットカードのセキュリティ問題やプライバシー問題です。

第四はモバイル送金であり、新型の電子マネーであるサーバー型電子マネーについて述べます。

そして最後がサーバー型電子マネーの進化形と表現できる仮想通貨です。
それではキャッシュレス社会の行方を皆様と共に読み解いてまいりましょう。

キャッスレス社会を実現する四つの要因

1、 モバイルウオレット(スマートフォン用財布アプリ)の充実

2、 送金や決済の完全デジタル移行
(サーバー型電子マネー、仮想通貨、仮想クレジットカード)

3、 モバイルポス端末の普及

4、 カードのセキュリティ、個人情報保護、現金忌避傾向

決済、送金業務にかかわるフィンテックの5つの視点

1、モバイルウオレット(モバイル決済)
アップルペイ、アンドロイドペイ

2、新しいポス決済
① NFCチップ対応(コンタクトレス決済)
② エムポス決済(インターネット型決済)

3、個人情報保護、セキュリティ、盗難防止

4、サーバー型電子マネー

5、仮想通貨とブロックチェーン技術

FIN TECH

第1章　中国人爆買を誘発したサーバー型電子マネー

■先行する中国にアップルペイも歯が立たず

実はアップルペイのサービスが歯が立たなかった国があります。それがサーバー型電子マネーで世界をリードする中国です。

さて昨今、国内を騒がせた事件といえば円安に伴った中国人観光客の爆買いでした。「2015ユーキャン新語・流行語大賞」(「現代用語の基礎知識」選)に選ばれるほど爆買いの勢いはものすごいものがありました。その背景には中国において先行するフィンテックによるサーバー型電子マネーの隆盛などがありました。2016年春の中国当局による関税規制で爆買いは嘘のように収まりましたが、それにしても日本人をあっと驚かせる効果がありました。しかしそれに代わって税率の低い越境EC(ネット通販による貿易)が注目され始めています。

調査して分かったのですが、実は爆買い商品の多くは、中国においてEC(通販サイト)で転売されていたのです。

爆買いの背景には、まず有名な通販サイトのアリババがいました。アリババは企業間取引(B2B)のアリババ、小売り用(B2C)の天猫、そして個人間取引用(C

2C）のタオバオから構成されています。そして中国の中央銀行が管理する使い勝手の悪い銀聯カードに代わってアリババはサーバー型電子マネーであるアリペイをいわば銀行口座代わりに消費者に提供しました。（2005年サービス開始）

一方、ライバルの京東集団はゲームのテンセントと組んで、テンセントの始めたサーバー型電子マネーのウィーチャットペイをメッセージサービスのウィーチャット（微信）と共に利用しています。ちょっとこれを頭にいれておいてください。なお、アリペイにはMMF方式（マネーマーケットファンド）の運用があり、金利が付きます。

アリペイ版MMF（余額宝）は銀行金利よりも高い金利を提供しています。

■爆買いを誘発したC2Cのタオバオ

さて実のところ、日本を訪れた多くの中国人観光客は「国内で爆買いした商品をタオバオとよばれるEC販売サイトで転売」していたのです。

タオバオは有名なネット通販のアリババグループに属します。最初は「中国観光客が当社の製品をいっぱい、爆買いをしてくれた」と喜んでいた国内メーカーの中からもタオバオにおける転売の実態を知るにつけ「これは対策を立てねばなるまい」といった声が上がっています。

そして２０１６年４月ごろの中国税務当局の実質関税引き上げで爆買いは少なくなり、一方で越境ＥＣ（ネット通販による輸出）が盛んになりました。

中国人観光客の爆買いの構造は以下のようになっています。当初は広州などの中国国内の名産品や特産品を仕入れて、タオバオ（消費者同士が売買するＣ２Ｃの市場、アリババのサービスの一つ）で販売していた個人の商売人がいます。その後彼らは次第に足を延ばし、香港やアメリカなどで中国消費者が欲しがる商品を仕入れて転売していました。

２０１４年、アイフォン６は中国での販売が世界よりも数か月遅れました。そのため、アメリカのアイフォン６の販売時に爆買いが起こりました。１人２台しか買えないため、留学生など大勢の中国人が雇われてアメリカの販売ショップに長い列を作り、徹夜で並びました。

これは明らかにタオバオなどで値段を釣り上げて転売する目的でした。この時も海外のメディアが「アイフォン販売におけるとても奇妙な違和感」と伝えて大変な騒ぎになりました。その流れが２０１５年頃の円安で観光客を装って日本になだれ込んできました。彼らは商品を仕入れると口コミとして日本のＬＩＮＥのようなメッセージアプリ（ウィーチャットと呼ばれる微信やタオバオアプリ、ウエイボウと呼ばれる中国版ツイッターの「微博」）を使って口コミで宣伝します。

そして決済にはアリペイやウィーチャットペイと呼ばれるサーバー型電子マネーを使います。中国国内ではＥＣ（ネット通販）の決済は、サーバー型電子マネーが銀聯カードを圧倒しており、その勢いは物理店舗においても止まらなくなっています。

また爆買いが始まる前には、日本からの商品の仕入れはメッセージサービスのウィーチャットにより中国から在日中国人や中国人留学生に注文が届き、彼らが国内の店舗で代理購入して中国に配送し、タオバオで転売するとともに日本からの仕入れの決済はサーバー型電子マネーのアリペイやウィーチャットペイを活用していました。

筆者らは中国人の売り手と消費者のビヘイビア（行動）は昨今、越境ＥＣ（越境通信販売、一種のネット貿易）と騒がれている、今後のインターネット通販を通したアジアへの輸出の基本になると思っています。無論、越境ＥＣは北米も重要です。

そもそも銀聯カードの顧客の大部分はデビットカード顧客（銀行口座から即引き落とされるサービス）であり、クレジットカードは5％程度しか普及していません。一方インターネットとモバイルネットワークは広く普及しています。

サーバー型電子マネーは中国の銀行サービスと比べて圧倒的に便利なため、どんどん広まりました。スマートフォンの時代にはLINEのようなメッセージサービスと連動したアリペイなどの決済サービスやECを組み合わせるのがこれからのECや越境EC、更に物理店舗販売の基本形になるでしょう。

■爆買いの正体、ソーシャルバイヤーとは何か

さて爆買いの正体であるソーシャルバイヤーとは何者でしょうか。彼らの正体は転売で稼ぐ個人事業主であると考えられます。

インターネット時代に登場した新しい個人の商人といったところでしょうか。このあたりが中国はいまだ大量生産と大量消費の産業革命の勃興期とIoTと呼ばれる第四次産業革命が並行して動いている社会状況を反映していると考えられます。

中国の改革開放の後、インターネットの時代、更にはＩｏＴと呼ばれる時代を迎え、ソーシャルバイヤーと呼ばれる「個人商店的な新たなビジネス層」が台頭してきたわけです。この辺りは「中国型明治維新のトレンドの一つ」とでも呼ぶことができると思います。

中国の越境ＥＣは、江戸期から文明開化期を迎えて両替商から銀行が出てきた約１５０年前の日本の歴史を思い出させてくれます。既に産業革命を終え、成熟社会を迎えてＩｏＴ革命が起こっている日本とはだいぶ状況が異なります。

日本でも上述したタオバオの基になったサービスeBay（個人間の売買サービス）での代行販売が盛んです。実際、多くのサラリーマンが、いわば夜のアルバイトとしてフリーランス的に参加し、一定の手数料を貰って英語のわからない日本の中小企業のネット輸出を手助けしています。

中国のソーシャルバイヤーはもっと手広くやっていますが、ある意味でよく似ています。eBay決済の基本はサーバー型電子マネーのペイパルです。

■中国消費者保護法とアリペイの台頭

中国のECではタオバオのような個人間取引が2015年現在でも4割近くを占め、そこでは偽物の販売も多く、大きな社会問題になっています。

その結果、中国消費者保護法は非常に厳しく、消費者が商品を受け取って確認が終わって初めて支払いを認めるといった条項がはいっています。

これはエスクローサービス（決済において信頼のおける第三者を仲介させるサービス）と呼ばれており、クレジットカードやデビットカードと比較して明らかにサーバー型電子マネーが適しています。商品の中身が確認されるまでアリペイが顧客から一旦お金を預かって、支払いを止めることができるからです。インターネットの初期にECが登場した時にも同じような信用問題があり、個人間取引（C2C）市場を制したeBayも同様な理由によりサーバー型電子マネーのペイパルを買収し、消費者にサービスしました。このペイパルによるエスクローサービスがサーバー型電子マネーの登場を後押ししたと考えて間違いないでしょう。

■クレジットカード「銀聯カード」の焦り

中国人の爆買いで知られるようになった銀聯カードの実態は大部分、銀行引き落としが即できるデビットカードであり、クレジットカードは5％程度にすぎません。

中国国務院に批准され、日銀に当たる中国の中央人民銀行の旗振りの下、急激に発行枚数を伸ばしている銀聯カードですが、サービス面での機敏さや速さではサーバー型電子マネーであるアリペイやウィーチャットペイにはかないません。

その結果、ＥＣでは大きく衰退し、次に物理店舗市場までスマホ利用のサーバー型電子マネーに圧倒的に浸食され始めています。

そこで銀聯カードはアップルペイと組み、２０１６年の春節が終わった2月、中国でアップルペイのサービスを開始しました。同じように銀聯カードはアンドロイドペイの代わりにアンドロイド版スマートフォン販売トップ企業、中国での人気のサムスン電子と組み、３月サムスンペイを開始しています。サムスンペイはアンドロイドペイに類似したサービスですが、韓国サムスンが独自にサービスしているものです。明らかにアップルペイやサムスンペイの中国でのサービス開始を銀聯カードが急いだのは、アリペイやウィーチャットペイなどの国内サーバー型電子マネーに圧倒され気味の市場をひっくり返そうとしたためです。

経済成長が大きい中国では銀聯カードの利用も伸びていますがそれ以上の勢いでサーバー型電子マネーが成長しています。

■アップルペイの敗北

しかしアップルペイやサムスンペイは中国市場ではアリペイなどに歯が立たなかったようです。
その証拠に2016年第2四半期にはアイフォンの販売台数は前年同期比で約3割落ちました。またアップルも中国市場では第5位に転落しました。（なお、第3四半期も第5位）
同時にかつてトップのサムスン電子は第6位となり、ベスト5から転落しました。かつての勢いは全くありません。鳴り物入りで開始したアップルペイやサムスンペイが消費者に受けていない証拠と言えましょう。（サービス開始当初こそ、2日間で

３００万人がアプリを導入したと言われていますが、続かなかったようです）

その理由の一つは決済方式にあります。ＮＦＣチップを搭載したアップルペイは値段の高いポス端末を小売店は必要とします。

一方、アリペイやウィーチャットペイは、モバイルポス方式をとっており、５千円程度と値段の安いタブレット端末にＱＲコードを読み取らせればそれで決済はおしまいです。

これならば屋台のような小規模店舗でも手軽に導入できます。さらに銀行金利以上にＭＭＦ預金金利が高く、キャッシュバックももらえるアリペイやウィーチャットペイと銀聯カードは使い勝手の差が明らかでした。米国や英国などでは破竹の勢いだったアップルペイが中国では更に進んだサービスに押し返されたといったところでしょうか。２０１６年8月現在、アリペイの中国国内加盟店は60万店を超えています。

アップルペイは当初、アリペイと連携交渉をしていましたが、結局、アリペイに袖にされています。なお、アップルペイのライバル、サムスンペイは銀聯カードとアリペイの両方を取り扱っています。中国のリサーチ会社アイリサーチの調査では、中国内のモバイル支払いの規模は２０１６年1月から3月期だけで約１０６兆円です。また中国人が利用するネット通販でのモバイル支払いの1位はアリペイが51・8%、2位のウィチャットペイが38・3%です。

■春節にアリペイを震撼させたWeChatPay（微信支付）

さてアリババの誇るサーバー型電子マネーのアリペイを震撼させる出来事が2014年の春節（中国の旧正月。2月）に起こりました。中国のお正月の習慣の一つにお年玉があります。

お年玉は日本と異なり中国では友人同士が少額のお金を送りあって、お祝いをするという習慣です。2014年の旧正月にはメッセージサービスのウィーチャット上で800万人の若者が参加し、電子的なお年玉の交換が始まりました。お年玉の送金にWeChatPay（ウィーチャットペイ、微信支付）が使われたわけです。

ウィーチャットペイのサービス開始のデビュー戦にふさわしいサービスイベントでした。微信紅包と呼ばれるお年玉はアリペイに大きなショックを与えるとともにウィーチャットペイは一挙に中国中、更にその後東南アジアなどに広まりました。

それに大きなショックを受けた一社に、日本のメッセージサービス、ＬＩＮＥがあります。ＬＩＮＥは東南アジアの各国でウィーチャットとサービス競争を戦っています。その結果、ＬＩＮＥは中国並みに規制の緩いサーバー型電子マネーへの進出の必要性を痛感しました。

なお、２０１５年の春節はアリペイの参入により、サーバーがパンクし、一旦、中国のインターネット決済が止まる騒ぎになりました。２０１６年には旧正月を待たず西暦の正月からウィーチャットペイによるお年玉の交換が始まっています。

ウィーチャットペイもアリペイもスマートフォン対応だけではなく、ＬＩＮＥのようなメッセージアプリへの対応、更にはウィーチャットペイはスマートフォン上のＥＣ（ネット通販）における人工知能対応（ＡＩ対応）も急いでいます。

シューズの米国ナイキなどがチャットボットショップ（ＡＩによる販売ショップ）といわれるＥＣサービスをウィーチャット上で始めています。そして無論、決済はウィーチャットペイを活用しています。

この結果、ウィーチャットのチャットボットショップ（ＡＩによる販売ショップ）は米国の類似サービスを巻き込み、世界の標準になり始めています。新しいＳＮＳと言われるスマートフォンのメッセージサービス、モバイルウォレットによる決済がAI販売のチャットボットショップと一体となって世の中を変革し始めています。

■日本のLINEペイの誕生と金融庁の焦り

サーバー型のLINEペイは2014年11月に日本でサービスが開始されています。驚いたことに金融庁はLINEペイの登録サービスとしての認可にあたり、小口取引では「米国のペイパル並みの自由」と言ってよい程の規制緩和を裁量で実施しました。中国の春節の出来事が日本に大きなインパクトを与えたようです。

2010年に施行され、2016年5月にフィンテック法案として修正された資金決済法には、①為替取引―と②前払い式支払い手段―と呼ばれる2つのサービス区分があります。

為替取引とは銀行による送金業務の一般事業者への一部規制緩和（100万円以下の資金移動業）であり、一方、前払い式支払い手段とは、商品券、ギフト券、プリペイドカードなどの発行業がこれにあたるとされています。

そして両者の間には厳しい区分を設け、実際問題として相互乗り入れが許されませんでした。例えば資金決済法誕生時には、一部で米国のペイパルなどの国内でのサーバー型電子マネーのアメリカ並みの自由な展開が期待されていましたが、金融庁の厳しい区分行政により拒否されたとみられています。

送金にあたる為替取引は銀行預金の延長線上にあり、一方、残高管理と決済に当たる前払い式支払い手段は商品券類似に相当するため、両者の性格は全く違うものとみなされたのです。

そのため、ペイパルは為替取引に特化し、無料での個人間送金や残高の保持などはできなくなりました。

そして多くの国内サーバー型電子マネー（前払い式支払い手段）は残高の銀行払い出しが禁止されました。

ところがＬＩＮＥペイの登録申請により、突然、信じられないような行政裁量による規制緩和が起こりました。ＬＩＮＥペイは①と②の両方の登録を行うことにより、送金や残高の銀行払い出しなどが資金規正法の範囲内で自由に行うことが可能となりました。

これは法律の改正なしにいわば商品券と預金の壁が取り払われたとみることができます。

そしてその後のサーバー型電子マネーの「ソフトバンクカード」（2015年3月）にしても「Yahoo！マネー」（2016年5月）にしてもLINEペイと同じレベルの自由なサービスが可能となっています。

そういう意味ではLINEペイの登場は明らかに日本のサーバー型電子マネー裁量行政の歴史の転換点でした。

では欧米ではこの点に関して一体、どうなっているのでしょうか。

そもそも歴史的に駅馬車による送金が自由に行われていた米国においては送金業務を銀行に限るという規制はありません。

従って残高を保持するペイパルやクレジットカード会社のプリペイドサービスなども前払い式支払い手段とはみなされておらず「お金がたまたま一般企業により、サービスされているだけ」という認識です。

そういう経緯がありますから、サーバー型電子マネーのペイパルもACH（クリアリングハウス）と呼ばれるいわば、米国の全銀ネットワークに参加しています。長い間、送金業務を銀行に限っていた日本の感覚からはちょっと信じられないことかもしれません。

一方、欧州も米国同様に送金業務を銀行だけに限定してはいません。欧州では為替取引、前払い式支払い手段などの区分はあるものの、縦割り規制ではなく、横割りで規制しています。当然、前払い式支払い手段の銀行への払い出しは日本と異なり、義務付けられています。

国内の場合、日本人は文化面から真面目すぎるので厳密に管理します。だから規制緩和された銀行の為替と商品券類似の前払い式支払い手段は全く違うという話になります。（この発想で日本のモノつくりはどんどん品質が良くなりました）

一方、欧米では為替も商品券も同じ支払い手段ではないかということで区分がありません。大雑把といえば大雑把ですが、見方によっては欧米の方が物事の本質がよく見えています。

また日本の金融庁の金融審議会では、２０１６年の7月ごろから「後付けの法律改正論議」が大真面目に行われている点がとても滑稽に思えます。

■物理店舗で競り合う銀聯カードとサーバー型電子マネー

2014年秋ごろから中国ではアリペイとウィーチャットペイの物理店舗での展開が始まっています。

危機感を持った銀聯カードがアップルペイと組んだ理由はこの辺りにあります。総じてキャッシュレス社会の進展といった視点からは明らかに中国の方が日本の先を行っています。こういう点から考えれば日本におけるアップルペイやアンドロイドペイの重要性、Suicaがサーバー型電子マネーにアップルペイで本気で取り組んだ意味がわかると思います。この点はLINEに規制緩和を懇願された金融庁も同じです。

■アリペイ、ウィーチャットペイの日本上陸

さて話はそれだけでは終わりません。まず中国観光客の爆買い期には銀聯カードが日本国内で普及しました。

ところがそれを追いかけるようにアリペイやウィーチャットペイが国内に上陸しています。

アリペイは2016年4月、オリックスとの提携発表に続いて6月には住信SBI銀行と提携し、日本国内で本格的なアリペイの加盟店開拓に乗り出しています。一方ウィーチャットペイは2016年中に日本国内でまず1万店の加盟店を獲得する計画です。（その後2万店まで拡大予定）

実際、筆者はアップルペイの上陸前、あるお店で日本人がカードや現金で支払う一方、その隣で中国人観光客がスマートフォンを使ってアリペイで支払うのを見て「これはまずい」と思ったことがあります。そのアリペイやウィーチャットペイは次の段階で日本国内版を用意しているとみられています。

既に韓国内ではアリペイは既に2万店舗でサービスされており、次にコリアンペイと呼ばれるサーバー型電子マネーの韓国内発行を計画しています（サムスン電子がアリペイと組んだのは、実は韓国国内向けという見方もあります）。

当然、国内有力企業と提携した日本における電子マネーの本格展開も視野に入れていると思われます。実際アリペイの運営会社であるアント・フィナンシャル・サービスは今後10年以内に利用者数を現在の4・5億人から20億人に増加させると言っています。アリペイは従来の東南アジア展開から、2016年には欧州や豪州にも上陸しています。

一方、ウィーチャットペイはシンガポール、タイ、インドネシアなどにもサービスを展開しています。当然、東南アジアでもEC（ネット通販）だけではなく物理店舗での決済にも進出しています。

何しろ2016年現在、6・67億人の利用者がいるメッセージサービスのウィーチャットの支払いサービスですから、まずはウィーチャットの拡大とともにウィーチャットペイ市場を拡大し、ウィーチャットの弱い日本のような市場では、代理店を設けてウィーチャットペイを拡大する戦略でしょう。

当然、タイやインドネシア、台湾などで展開しているLINEペイとはまともにしのぎを削っています。

LINEペイが約150万人の利用者を抱えるタイではLINEペイは地場企業のBSSホールディングスとの提携戦略に打って出ました。同社は物理店舗の電子決済用スマートカード「ラビット」（BTSスカイトレインなど交通機関でも約2千万人が利用）を提供しています。

ラビットはバンコク首都圏を中心に約４０００台のカードリーダーを設置しており、関係会社の都市鉄道ＢＴＳ用乗車券の購入などに使われています。また加盟店での買い物では５００万人以上が利用しています。ＬＩＮＥとの提携によりＬＩＮＥペイは名称を「ラビットＬＩＮＥペイ」に変更しました。

資本関係もＬＩＮＥビズプラスの第３者割当増資を引き受けており、50％出資しています。

無論、ＥＣ（ネット通販）でのアリペイやウィーチャットペイとの対決やタイで強いサーバー型電子マネー、「トゥルーマネー」（タイ、ＣＰグループの通信キャリア・トゥルーコープが発行）との戦いが始まっています。

東南アジアでもシンガポールからアップルペイが拡大しますが、下手をすればインターネット決済方式（モバイルポス方式）のアリペイ、ウィーチャットペイ、ＬＩＮＥペイが先に浸透し、中国同様アップルペイの大きな壁になるかもしれません。タイなど東南アジアはサーバー型電子マネーの戦いが日本以上に熾烈になっています。タイ自身、中進国から先進国への移行途上にあります。

東南アジアでは中国同様、モバイル決済の流行により、クレジットカード普及などよりも先にサーバー型電子マネーが台頭するかもしれません。

■アリペイの世界戦略

２０１６年10月、米国のラスベガスでマネー２０２０と呼ばれるフィンテックのカンファレンスが行われました。その席上でアリペイは世界戦略を明らかにしています。既にアリペイとライバルのウィーチャットペイは中国ＥＣ市場支払いの90％を抑えており、中国国内では物理店舗において銀聯カードと激しく争っています（モバイル支払いでは圧倒）。しかし国内での大きな成長は次第に望めなくなっています。そこでアリペイは海外市場に狙いを定めました。

２０１４年、アリババから２０１１年関係会社としてスピンオフしたアリペイは社名をアント・フィナンシャル・サービスに変更し、２０１５年からグローバル市場に打って出ています。現在、中国に４・５億人の利用者を持つアリペイは、今後10年以内に利用者数を20億人に増やし、取り扱い高の60％を海外市場に求めています。まずは２０１４年に約１・１７億人いると見られている中国人観光客に狙いを定めました。面白いことにアリペイはアリババのグローバル展開に沿ってＥＣ決済もグローバル化する一方、むしろ主戦場を物理店舗においています。

さて中国人観光客はグローバルに見て２０２０年には16年に比べ倍増すると予測されています。そこでまず中国人観光客に使ってもらい、それを理由に海外各国の小売店加盟店を増やす戦略です。そしてその後は外国人消費者をターゲットとして各国の国内市場に進出します。

英国ではハロッズやセルフリッジなど有名百貨店でアリペイが使えます。２０１６年には70か国８万店に及んでいます。今後2～3年でその数を百万店まで拡大します。この戦略が成功して海外の消費者が使い始めると、この数は千万店台まで増えると思われます。

現在、アリペイの主要市場は韓国（コリアンペイの発行を計画）、タイ、香港であり、日本とドイツが伸びています。

またアリペイは自社独特のＱＲコードによるインターネット決済方式（モバイルポス方式）を普及させる為、海外のポス端末業者や決済情報サービス業者と提携しています。

例えば日本ではリクルートと提携し、アップルのアイパッドやアイフォンをそのままアリペイの決済端末に使えるようにしています。

韓国ではKICC、英国ではスタートアップ企業のザッパー、ドイツではワイアーカードやコンカーディス、タイのペイズバイ、米国のファーストデータやベリフォンと組んでいます。

特にベリフォンは全世界に2千9百万台の決済端末を稼働させており、ファーストデータは約6百万か所の店舗で利用されています。

お店をアリペイの加盟店にするにあたって、小売店の馴染みのメーカーと組み、そのアプリで簡単にタブレット上などでアリペイの決済ができるようにするという戦略です。

■メッセージサービスと連動するウィーチャットペイのグローバル戦略

ウィーチャットペイは約2億人の利用者を誇っています。（ウィーチャット全体の

利用者数は6億人）

アリペイに刺激されて登場したサーバー型電子マネーですから、当然、アリペイの国際戦略を追いかけます。

そしてウィーチャットペイの世界戦略は２０１６年2月に発表されています。まず人民元以外に9つの外貨（米ドル、英ポンド、香港ドル、日本円、カナダドル、ユーロ、豪ドル、ニュージーランドドル、韓国ウォン）による小売店への支払いをサポートしました。

このためにウィーチャットを運営するテンセントはウイーバンクを設立し、外国為替を取り扱い、ウィーチャットペイを側面支援しています。

一方、アリペイを支援するのはアリババグループのマイバンクです。面白いのはウィーチャットペイの本格海外進出は、中国人労働者が多く働いており、運営会社テンセントへの投資家企業（南ア企業ナスパーは30％投資）がいる南アフリカから始まっています。

ただし、それ以上にメッセージアプリのウィーチャットが南アフリカの消費者の間で成長している点が注目されます。

これはアリペイがなかなか取れない戦略です。ウィーチャットの基本は日本のLINEに近いアプローチです。ウィーチャットは2015年11月、現地のスタンダードバンクと組んでサービスを開始しています。

スタンダードバンクのATMからウィーチャットペイへのお金のチャージ及び逆の現金化ができます。面白いのはスダンダード銀行に口座があるなしにかかわらず、ウィーチャットペイの利用者はスタンダード銀行のインスタントマネー利用者として自動登録される点です。

またチャージ用のデビットカードやクレジットカードも登録できます。そしてカード取引の場合、提携先のVISAカードやマスターカードが安全を保障します。ウィーチャットペイの南アフリカ戦略は中国人観光客を通さないで直接、現地消費者を狙ったものでした。そしてケニアのエムペサのように様々なスーパーマーケットやレストランで利用ができます。

そして2016年には既に南アフリカ国内でCMも始まっています。フェイスブックが買収したメッセージサービス、ホワッツアップが強い南アフリカですが、ホワッツアップに先んじて南ア決済市場を抑えにかかっています。そして2015年末、以降、東南アジアではアリペイ、ウィーチャットペイ、更に日本のＬＩＮＥペイが激しく進出争いをし、同時に地場で台頭するサーバー型電子マネーやクレジットカード会社と死闘を繰り広げるという構造が出来上がりました。

ウィーチャットペイの場合には、メッセージサービスが市場の一部を抑えた地域（タイ、ベトナム、マレーシア、インドネシアなど）では、いきなり地場市場に進出します。ただしアンドロイドペイやアップルペイとの競合を避け、比較的規模が小さい国で確実に普及を図る戦略だという見方もあります。

一方、日本のようにメッセージサービスが弱い地域ではアリペイと同じ、まずは観光客狙いの戦略をとっています。

結論として先進国の量販店や中国を含む新興国の一部大手量販店では値段の高い従来型ポスシステムが入っており、アップルペイが競争力を持っています。しかし新興国の少し規模の小さな小売店では圧倒的にアリペイなどの進める、安いＭポス方式が普及する傾向にあります。この点がアップルペイのアキレス腱といえましょう。

第2章　そもそも仮想通貨、電子マネー、ブロックチェーンとは何か?

FIN TECH

■世界に1600以上の仮想通貨

さてここまでお読みになった読者の皆差は、「フィンテックで騒いでいる仮想通貨とサーバー型電子マネーはいったい何が違うんだ」とか「フィンテックでは最早、常識のブロックチェーンの説明が全くないじゃないか」という疑問を持たれていると思います。

そこで本章では仮想通貨とサーバー型電子マネーの相違、更に簡単にブロックチェーンについて説明したいと思います。海外では仮想通貨を暗号通貨と呼ぶことがあります。

世界には既に1600以上の仮想通貨が存在しています。後ほど述べますが仮想通貨の中には中央銀行が発行したものもあります。

■日本で突然、話題になった仮想通貨「ビットコイン」

まず現在騒がれている仮想通貨（暗号通貨）はブロックチェーン方式と一体化され

て議論されている点に注目してください。

仮想通貨は同時にデジタルカレンシーとも呼ばれており、サーバー型電子マネーの一つの変形であるとも考えられます。ただし銀行のような口座管理サービスはなく、あくまでも個人間送金・決済のための「個人ウォレット（財布）」サービスです。

ブロックチェーン方式の特徴とは「支払い手段の分散発行、分散記帳」にあります。詳細は既に多数の書籍が出ていますので他の書籍をご覧ください。

さて２００９年から米国をはじめ世界中で取引されている仮想通貨に「ビットコイン」があります。

一説には２００８年のリーマンショックに対する金融改革の試みの一つというかそのあだ花という見方もあります。リーマンショックは金融システム、法定通貨の信用が揺らいだ金融危機でもあるからです。ビットコイン信用が揺らいだドルに対する「代替通貨」として提起されたわけです。法定通貨に対する一種の対抗文化（カウンターカルチャー）です。

ＩｏＴの運動の後ろには米国西海岸の対抗文化の伝統がありますが、その流れが通貨にも来たと考えられます。ビットコインの熱烈な支持者は歌まで作っています。一方、地味なサーバー型電子マネーのペイパルには歌がありません。またビットコインだけで世界旅行を試みた人も大勢出てきました。

仮想通貨の場合は、そのくらい一種のコミュニティ運動の情熱が高く、サーバー型電子マネーとは興味を示した人々の熱意が異なります。サービス開始当時はビットコインもそれほど投機性が強くなく、決済に使われたり、社会貢献目的で寄付に使われたりしていました。ただし、どちらが現実的かはまた別の問題です。

実際、2014年ごろからのフィンテックの台頭の中、ウオールストリートに集まる投資家層が銀行など金融業界が興味を示し始めてから、仮想通貨はブロックチェーン方式によるサーバー型電子マネーという見方が強くなりました。

ただし、従来のペイパルや従来からの仮想通貨などとの区別の為にデジタルカレンシーとか暗号通貨という呼び方をする傾向が目立ち始めました。

ビットコイン自体は取引決済の主流にはならないだろうという暗黙の了解事項はあるものの、一方でそれが生み出したブロックチェーン方式は、サーバー型電子マネーも含めた通貨の取り扱いの世界を劇的に変化させるだろうという見方です。いわばビットコインのような新しい仮想通貨（暗号通貨）はIoTの金融版の象徴であるという見方です。

そしてニューヨーク証券取引所がビットコイン交換所の「コインベース」に投資したのも衝撃的でした。投資層や金融機関の間からはビットコインは嫌いだが、ブロックチェーン方式は魅力的だという声が聞こえるようになったのです。そして発行者が特定できない、取引の認証は誰だかわからない認証コミュニティ全員が確認するという（ある意味で無責任に見える）オープンなやり方に対しては、発行者を制限する許可制のブロックチェーン方式（中央管理による仮想通貨の発行）が提案されたのです。

そういった動きが突然、日本にやってきました。それはまるで東日本大震災のような登場のし方でした。２０１４年という年は国内におけるフィンテックに火をつけた年と考えられます。国内の銀行などが欧米銀行のフィンテック投資の急速な増加に目を奪われていた矢先、国内においてはビットコインを取り扱うマウントゴックス倒産事件が起こりました。ビットコインは主に投機に使われていたのです。

マウントゴックス倒産事件とはインターネット上の仮想通貨ビットコインの交換所マウントゴックスを運営するＭＴＧＯＸが２０１４年2月28日、東京地裁に民事再生法の適用を申請し、破綻した事件です。同社は債務が資産を上回る債務超過に陥っており、顧客から預かっていた75万ビットコイン及びビットコイン購入用の預かり金も28億円消失したとされています。損失額は全部で470億円に上っています。約13万人の顧客の大半は外国人であり、日本人は約千人程度です。倒産の原因は投機用ビットコインの盗難であり、フランス出身のガルブレイス社長が逮捕され、謝罪の記者会見を行うなど事件の前代未聞の特異性から世間を揺るがす騒ぎとなりました。

日本ではビットコインは貴金属類似の「モノ」としての扱いであり、「価値記録」と分類されていましたが、政府は消費税の課税対象であるとしていました。（2016年5月のフィンテック法案の結果、撤回の方向）当然、金融機関は「ビットコインはモノであるから、日本では取り扱いができない」といった認識でしたが、海外ではフィンテックに熱心な銀行が仮想通貨の実験にも乗り出していた矢先であり、突然の降ってわいた事件に国内ビジネス界は騒然としていました。

2014年から2015年にかけての欧米金融機関によるフィンテック投資が盛り上がり、そして国内におけるMTGOXの倒産ショックは大きいものがありました。その結果、国内の銀行業界はフィンテック対応のための規制緩和要請を政府や金融庁に請願しました。俗にフィンテック法案と呼ばれる一連の金融規制緩和の流れは、20

世紀末ごろの金融制度改革、金融ビッグバン（証券、銀行、保険の一定の相互参入）以来の大規模なものになる可能性が高いと思われます。

２０１６年5月の改正資金決済法案（フィンテック法案の一部）の国会通過により、仮想通貨は決済手段として認められました。なお、欧州ではEU最高裁判所で「ビットコインは通貨に類する」と判決が出ています。その結果、欧州では付加価値税の非課税対象になっています。この頃から仮想通貨を決済に使う動きが出てきました。

■仮想通貨とサーバー型電子マネーの差

後ほど電子マネーの歴史で述べますが、実は「仮想通貨とサーバー型電子マネーは同根」なのです。

そして相違点は①「仮想通貨はレートの変動があり、投機に向いている。」②「サーバー型電子マネーは決済に向いている」という点でしょう。

一方、仮想通貨には預金のような口座管理の仕組みがありません。

２０１６年5月に国会を通過した改正資金決済法（いわゆるフィンテック法案の一

部）ではビットコインのような仮想通貨を決済目的に活用することを念頭においています。ただし、フィンテック法案は「仮想通貨はサーバー型電子マネーや現金など法定通貨の次世代進化系」という中国や英国当局が持つ発想に乏しい点が危惧されます。

ビットコインを見ればすぐわかりますが、仮想通貨は円やドルに対してレートが変動します。一方ペイパルやａｕウォレット（ＫＤＤＩのサーバー型電子マネー）などは、円との関係が１対１の固定レートであり、変動しません。ビットコインのような仮想通貨を決済に使う場合は、通常、決済の都度、取引所でビットコインを売り、円を買って決済します。

最近では国内でも小売業の中にはビットコインでの支払いを受け付けるところが増えています。しかし多くの場合、商品の決済時にはビットコインの取引所を通して円を受け取っているのが実情です。

ただし、仮想通貨は投機の要素があり、一方サーバー型電子マネーは決済目的で使用されるという点を除けば、両者にはほとんど差がありません。また世界中の銀行が仮想通貨という名の決済目的のサービスを開始する準備をしています。（現物通貨との交換比率が１対１で固定するなど）そうなれば仮想通貨は正にサーバー型電子マネーとなんら変わりがありません。

■ブロックチェーン方式とは

さて仮想通貨以上にフィンテックで世の中を騒がせているのは分散記帳方式のブロックチェーンです。（P2Pネットワークと呼ばれる分散型ネットワークを用いて、台帳の記録を行う方式）通常、銀行の様々な取引は中央の大型コンピューターで一括記帳がなされています。

しかしブロックチェーン方式により分散記帳方式を採用すれば、通貨の発行者を不特定多数とすることが出来る他、コンピューターのサーバー代が分散処理により大幅に低下するという特徴があります。そして記帳（帳簿付け）は小さな単位での分散型の記帳になります。従来のような銀行の取引を一か所で集中的に記帳する方式は、取引規模が膨らむに連れてコストが高止まりするという大きな欠点がありました。また一か所に処理が集中するという集中リスクやセキュリティ面の問題もありました。（ビットコインなどは暗号化やパブリックな認証によりセキュリティ面のリスクも排除可

能）
一言で言えば低コスト（劇的なコスト削減）で帳簿作成管理でき「情報システムが障害で停止しにくく、また不正などにも強い」オープンな台帳管理ネットワークということができます。
また現在注目されているのはプライベート・ブロックチェーン（通貨発行者が限定されているため、許可型ブロックチェーンともいう）というアプローチです。ビットコインなどが誰でも参加でき、仮想通貨の発行者になれるパブリック・ブロックチェーン方式を採用していたのに対し、欧米の大手の銀行は仮想通貨の発行において、変動レートが固定のプライベート・ブロックチェーン方式を目指しています。
プライベート・ブロックチェーン方式では発行者を特定法人などに限定することができる為、通貨や情報システムの管理もやり易く、ビットコインなどパブリック・ブロックチェーン方式の持っている様々な問題（例えば不特定多数が取引の認証ネットワークに参加できるため、機密情報の保持に弱い点など）が解決します。プライベート・ブロックチェーン方式を使った仮想通貨の例がリップルです。リップル社が実質管理している仮想通貨リップルは、欧米の銀行で直接、取り扱われています。（この点がある意味、得体が知れないとされるビットコインと異なります）プライベート・ブロックチェーン方式は銀行など既存の金融機関には非常に受けが良いのが特徴です。

現在、世界中で多くの銀行が仮想通貨を実験中であり、今後続々と金融機関による仮想通貨が発行されるでしょうが、そのほとんどは通貨発行者の限定されたプライベート・ブロックチェーン方式と考えられます。なお、プライベート・ブロックチェーン方式には通貨の発行主体や管理主体が複数あるコンソーシアム型ブロックチェーンと呼ばれる方式もあります。

■仮想通貨とサーバー型電子マネーの両方に使えるブロックチェーン

さてブロックチェーン方式は、有名な仮想通貨ビットコインの開発時に参照された「サトシ・ナカモト」論文に書かれていたものです。ブロックチェーンは仮想通貨だけではなく、不動産の移転管理や著作権料の頒布、レンタル自動車の管理、海外送金の管理など様々な応用領域があります。実際、債券の売買や株の売買に使われ始めています。むろん、サーバー型電子マネーにも様々な銀行処理にも活用できます。

ここで重要な点は、決済目的で銀行などにより新しく作られる仮想通貨（ブロックチェーン方式のもの）は、サーバー型電子マネーの進化形という見方です。

ブロックチェーン方式は仮想通貨やサーバー型電子マネーに活用してもしなくても構いません。ビットコイン以外にブロックチェーン方式を使っている仮想通貨では、豪州のコモンウェルス銀行などが銀行窓口で取り扱っている仮想通貨リップルが有名です。２０１６年６月現在、グローバル銀行上位50行のうちの12行がリップルを決済で取り扱っています。更に30行が参加のための調査を行っています。主な用途は迅速な海外送金です。

ブロックチェーン方式は分散記帳の方式の為、通貨以外の様々な用途にも活用できます。実際、米国の株式取引所の一つ、ナスダックがブロックチェーン方式採用の未公開株式取引システム「リンク」を開発しています。これはナスダックにおける未公開株式市場用のＩＴシステムです。そして実際、ブロックチェーン方式により、２０１５年１月から対象６社の株式売買のサービスを開始しています。

またＲ３コンソーシアムは、米国ＪＰモルガン、米国シティグループ、英国クレディスイスや日本の大手3行と野村證券など世界の70前後の銀行など金融機関が参加するブロックチェーンの共同研究機関です。同グループは債券の売買の実証実験を行っています。また２０１５年7月には米国大手のシティ銀行がシティコインと呼ばれる仮想通貨をブロックチェーン方式で発行し、行内でテストしています。

またバンク・オブ・アメリカは仮想通貨用の暗号通貨関連の特許を申請しています。

また英国の日銀に当たるイングランド銀行はビットコインフォーラムのメンバーになりました。

■ブロックチェーンを活用していない仮想通貨

さて実際にブロックチェーン方式を活用していない仮想通貨もあります。

例えば２００７年ごろ日本でも注目された仮想空間サービスの「セカンドライフ」にはリンデンドルと呼ばれる自家型仮想通貨（ゲーム内でのみ流通する仮想通貨）がありました。リンデンドルはドルとの変動はありましたが、ブロックチェーン方式は使っていません。

そこで仮想通貨からブロックチェーンと呼ばれる特徴を外して考えれば、投機使用以外にサーバー型電子マネーとは、差がないことになります。ここは重要な点です。例えば現在、三菱東京ＵＦＪ銀行はＭＵＦＧコインと呼ばれる仮想通貨を２０１７年秋に出す予定です。仮にＭＵＦＧコインが円と1対1の固定レートであり、変動がなく、また一般決済に使うとすれば、サーバー型電子マネーと何ら差がありません。このことを頭の隅において読み進めてください。

■ブロックチェーンは未だ実験段階

「サトシ・ナカモト論文」から始まったブロックチェーン技術の活用ですが、心にとめておくべき点は「技術的に未成熟なブロックチェーンの様々なビジネスへの適用は未だ実験段階」という点でしょう。従って実際に全体の取引規模がとてつもなく大きくなったり、取引が高速化した場合、果たして対応できる技術なのかという疑問が残ります。大量の外国為替の売買や東京証券取引所のような規模の大きい株式市場に耐えられるでしょうか。これが今後の課題と指摘されています。従ってブロックチェーンのビジネスへの応用は部分的には始まっていますが、リアルタイム性のある領域には課題が残るなど、仮想通貨が本格的にビジネスの前面に登場するまでにはまだまだ時間がかかると見られています。

■20世紀中旬のモンデックス実験と仮想通貨の歴史

そもそも電子マネーと仮想通貨とは何か？その歴史を振り返ってみましょう。

１９８９年にベルリンの壁が崩れて東西冷戦が終焉したタイミングでそれまで軍事利用されていたインターネットが民間に開放されました。

１９９２年の大統領選挙では米国大統領選挙における民主党候補であったヒラリー・クリントン氏の夫であるビル・クリントン大統領が誕生しました。彼の選んだ副大統領が「情報スーパーハイウェイ構想」を提唱していたアル・ゴア氏でした。当時ゴア氏は日本のＮＴＴが打ち出したＶＩ＆Ｐ構想に触発されて「全米のすべてのコンピューターをつなぐ情報ネットワーク」を提唱し、情報スーパーハイウェイと名付けました。その頃は構想があるだけで、候補にはＣＡＴＶやインターネット、衛星通信などが上っており、どのサービスが情報スーパーハイウェイの具体的な姿になるか誰も知りませんでした。

結局、インターネットが情報スーパーハイウェイになりましたが、それは21世紀になってからの出来事です。

さて情報スーパーハイウェイ構想を背景として世界中で様々な情報実験が実施されました。例えば1994年、米国フロリダ州のオランドでは「ビデオオンデマンド実験」がCATV企業によって行われました。

同じく1994年には米国の航空会社が電子チケットサービスの実験を開始しました。そして電子マネー関係では、1995年には英国のスインドンでICカード型電子マネーの実験が開始されていました。実施したのは英国のナットウエスト銀行です。これが世に名高い「モンデックス実験」です。

ICカード型電子マネー「モンデックス」とはお金がICカードの中に置かれている方式（ストアードバリューカード方式）であり、JR東日本のSuicaの元になったサービスと考えても間違いはないでしょう。お店の読み取り機により、非接触型のICカードを読み取る方式であり、インターネットとは関係がありませんでした。

類似の実験は英国だけではなくデンマーク（電子マネー名称はダンモント）、ベルギー（同プロトン）、ドイツ（同ゲルトカルテ）、フランス（同マネオ）など欧州全域で行われました。

当然、米国でも実施されました。クレジットカード会社では有名なＶＩＳＡカードがＶＩＳＡキャッシュの実験をノルウェーのスキー場やテーマパークなどで実施しています。しかしこの方式は非常に手軽でしたが香港と日本でしか普及しませんでした。英国の地下鉄のオイスターカードなどもこの方式です。

１９９７年７月には日本国内でもスマートコマースジャパンによる兵庫県神戸市でのＶＩＳＡキャッシュ実験（３万枚発行、５００店舗で利用）、それに１９９８年８月の渋谷スマートカードソサイエティＶＩＳＡキャッシュ実験（13万枚発行、２０００店舗で利用）などが行われました。

20世紀末にはソニーが決済チップ、フェリカの開発を始め、２００１年には国内でもＪＲ東日本のＳｕｉｃａが登場しました。また同じ２００１年ソニーはビットワレット株式会社（ソニーを中心に11社出資）を設立し、電子マネーＥｄｙを発行しました。決済チップフェリカを使ったＩＣカード型電子マネーが日本で実用レベルに到達しました。

そして２００４年　モバイル版の電子マネーＥｄｙ（ＩＣカード型電子マネー）が登場し、後に楽天に買収されます。

また２００６年にはモバイルＳｕｉｃａが登場し、流通業が電子マネーに興味を示した結果、２００７年にセブン&アイホールディングスのｎａｎａｃｏ、イオンリテールのＷＡＯＮがサービスを開始しました。

一方、サーバー型電子マネーは当時、実験のための適切な環境が整っていませんでした。１９９０年にはオランダのデジキャッシュ社からサーバー型電子マネー、ｅCashが登場し、１９９５年にはｅCashの商用サービスが開始されました。

当時、インターネットではＥＣ（電子商取引）が立ち上がったばかりで、ｅCashには全く需要がありませんでした。またＥＣ（電子商取引）にしても、インターネットではブロードバンドサービスが未だ始まっておらず、明らかに時期尚早でした。従って当時は電子マネーと言えばＩＣカード型の方が現実的でした。しかし１９９８年12月にはPayPal（ペイパル）社が設立され、21世紀初頭からは太い回線のインターネット（ブロードバンド）が提供される時代となり、俄然、インターネット上でＥＣ

（電子商取引）が活発化しました。その波に乗ってペイパルは（特に個人間取引のC２C領域において）米国で大きく伸長しました。またゲーム関係ではインターネット上でＭＭＯＲＰＧなどネットゲームが台頭し、自家型仮想通貨（ゲーム内仮想通貨）が流行しました。

よく知られている例としては仮想空間サービスのセカンドライフなどがあります。なお、アマゾンなどＢ２Ｃ（企業と個人の売買）と呼ばれるＥＣ市場（ネット通販）ではサーバー型電子マネーではなく、クレジットカード利用が確立していきます。

その後大きな動きがあったのはリーマンショック後、２００９年のビットコイン型仮想通貨の登場です。有名なサトシ・ナカモト論文に基づくブロックチェーン方式での運用が開始されました。ビットコインは中央発行機関がない暗号通貨型であり、レートの変動する現実通貨との交換には交換所（一種の取引所）が必要です。

■米国で何故流行る、サーバー型電子マネー

さてサーバー型電子マネーの元型とも言うべきペイパルは、オークション・サービ

スのeBay（個人対個人のオークションサービス）においてエスクロウサービス（ネット通販においてモノが到着し、確認が終わるまでお金を仲介者が預かるサービス）から活用され始めました。

次にペイパルは米国内においてクレジットカードの番号や銀行口座など個人情報をセキュリティの観点から小売店に教えたがらない消費者から支持を集めました。（クレジットカード情報の盗難は米国でも大きな問題になっています）また小切手替わりや個人間の送金が無料という点も大きな魅力となりました。

また国境を越えてのＥＣ（ネット通販）で商品を輸出する場合、買い手の持つクレジットカードが国内限定のものも多くあります。そういった場合には一旦、ペイパルにお金を払い出して送金すれば、越境ＥＣでも決済が可能になります。

しかし２００８年のリーマンショックがサーバー型電子マネーの普及に大きな影響を与えました。

リーマンショックによる金融不況の後、米国では格差社会が広がり、銀行口座が持てない層（アンバンク顧客）や銀行口座は持ててもクレジットカードの審査に落ちる層（アンダーバンク顧客層）が著しく増えています。

米国に詳しい方はご存知かもしれませんが、米国の銀行口座を持つにはかなりの額を平均残高として維持する必要があります。そうでなければ口座管理料として月額20ドル程度の手数料をとられます。リーマンショック後、この基準を満たさない人々が大勢（約７・７％）出てきました。（２０１３年6月、ＦＤＩＣ調査）

一方、アンダーバンク顧客層は約20％の世帯に上り、多くの人々がクレジットカードなどの銀行付帯サービスが利用できない状況にあります。

この層への金融サービスをどうするかがカード会社などにとって頭の痛い課題になりました。

そこでクレジットカード会社は、審査の不要なリローダブル・プリペイドカード（一種のサーバー型電子マネー）を発行し、アンダーバンク層を引き留めようと必死になりました。リローダブル・プリペイドカードの利用は２００３年の8億回利用、取扱高３億ドルからリーマンショック後の２０１２年には92億回利用、取扱高２２００億ドル、更に２０１５年には取扱高は３１７０億ドルへと増加しています。

利用者は年間所得が2万5千ドルの層が利用者の28％と最も多いのですが、年間所得が１０万ドル以上の層も利用者の27％を占めています。（その他年間所得が２万５千

ドルから5万ドル以下の層が21％、年間所得が5万ドル〜10万ドルの層が26％）

米国では21世紀の初めから2020年までに成人した人々をミレニアル世代と呼びますが、この世代は完全なデジタルネイティブであり、スマートフォンやインターネットに慣れ親しんで育っています。

その彼らから見れば午後3時に閉店し、土日が休日の銀行はインターネットのスピード時代には「前時代の遺物」と感じられ、ミレニアル世代には銀行嫌いが増えていると言われています。

一方、銀行と異なり、何時でもどこでも即日モバイル送金や決済ができるサーバー型電子マネーは、ミレニアル世代には非常に馴染みやすいサービスです。スマートフォン決済であればクレジットカードをお店の店員に教える必要もなく、銃社会のアメリカでは現金の強奪リスクもありません。

そのサーバー型電子マネーがアップルペイやアンドロイドペイの登場により、彼らの大好きなスマートフォンやスマートウオッチ上で自由に使えるようになり始めているというのが現在の状況なのです。

その結果、アンバンク層やアンダーバンク層向けに登場したプリペイドカードなどカード会社が開発したサーバー型電子マネーがペイパルやベンモ、スクエアキャッシュなどのスタートアップ企業がサービスする電子マネーサービスと相まって一般のクレジットカード顧客や銀行口座顧客を切り崩し始めました。

銀行のサービスと比べて送金などの手数料は多くの場合無料であり、処理が速いし手軽なため、サーバー型電子マネーは今や金融機関の大きな脅威になっています。もっともウェルズ・ファーゴ銀行やチェース銀行などは銀行預金の他にリローダブル・プリペイドカードも発行しており、それらのサービスはアップルペイにも対応しています。一方、日本と異なり銀行が注力するデビットカードもクレジットカード以上に使われています。

ビジネスインサイダー誌による少し面白い調査結果があります。それによれば「35歳以下の若者の38％が銀行に行かない」「26％は月に一度以下の頻度で銀行に行く」といったものですが、ミレニアル世代の銀行に対する信頼感や愛着が薄れているというのです。

（84ページ図参照）

彼らはフェイスブックなどの方により愛着を感じています。

薄れる銀行への信頼感・・・

ミレニアル世代の若者は銀行より、フェイスブックなどに親しみを感じ、信頼している・・・・

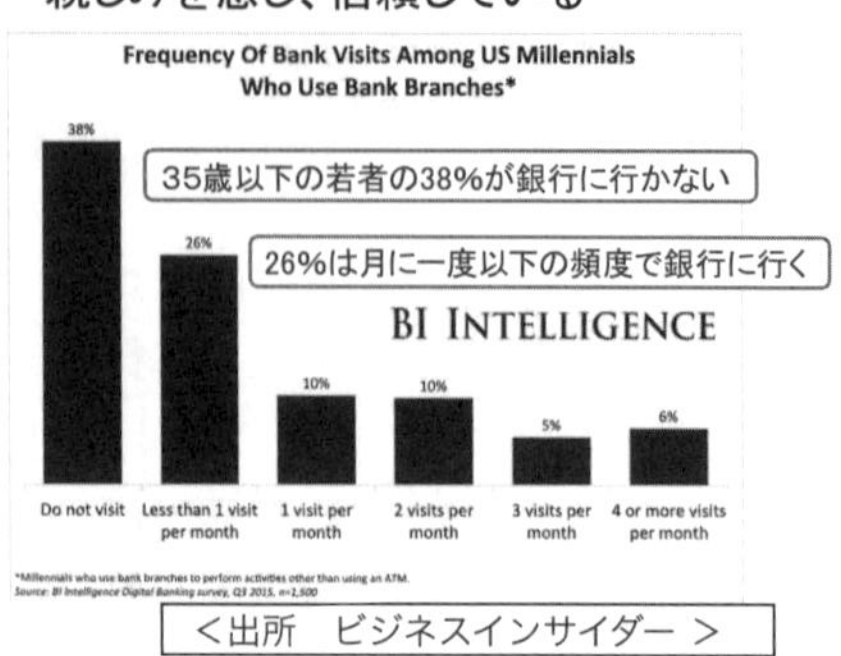

＜出所　ビジネスインサイダー＞

■学生が選んだモバイル送金サービス

米国のサーバー型電子マネーで流行したサービスに「ベンモ」があります。

２０１６年の大統領選挙でもテーマの一つに取り上げられましたが、大学生から自活を余儀なくさせられる米国の学生は、返済義務がある膨大な額の奨学金に苦しんでおり、とてもクレジットカードサービスが受けられる状況にはありません。そこでスマートフォンから使えるサーバー型電子マネーの「ベンモ」が学生を中心に若者の間で大流行しています。

「ベンモ」によりお店でも支払いができますが、主な使い方は友達の間の割り勘の清算サービスです。そのため、「ベンモ」はメッセージサービスと一体化しており、ＬＩＮＥに似たメッセージサービスで割り勘の請求などを行っています。そして「ベンモ口座」から「ベンモ口座」へと無料送金がなされます。このサービスは「米国モバイル送金の元祖」として非常に注目されており、早晩、アップルペイが類似のサービスを始めるとみられています。

同社は２０１３年ペイパルに買収されています。（ただし、ペイパルとは別サービスとして運用）「ベンモ」は２０１６年10月、月間取引額が10億ドルを突破したと発表しています。年間で予測すれば１２０億ドルに上ります。

ペイパル全体の取扱高が年間約２８０億ドルである点を考慮すれば、これは相当のボリュームです。

■先進国、新興国で台頭する現金忌避傾向

さてサーバー型電子マネーが流行る理由の一つに「現金忌避傾向」が挙げられます。
まず先進国の米国においては連日、銃によるテロや発砲が報道され「銃社会による

セキュリティの危険」がとみに高まっています。

そうした中、米国の人々には現金の持ち歩きを極端に嫌がる傾向が出てき始めています。そのためお祭りの屋台やスタンドですらクレジットカードを受け取らないとビジネスができない状況になり始めています。そこに目を付けたのがサーバー型電子マネーで有名なスクエアでした。

スクエアのCEOはツイッターを創設したメンバーの一人であるジャック・ドーシー氏です。スクエアはまずスマートフォンに4000円程度の付加装置を付けて、スマートフォンをポス端末に変えてインターネットにつなぎ、クレジットカードの読み取り処理を可能としました。これはm Posとかモバイルポスと呼ばれているものです。(後述しますが北欧では、サーバー型電子マネーに頼らなくても、このモバイルポス方式とクレジットカードの組み合わせにより、キャッシュレス社会が到来しています)

スクエアのスマートフォンをクレジットカードリーダーに変えるモバイルポス方式は、シリコンバレーのエスコート嬢も採用するほどの人気でした。

シリコンバレーで勤めるソフトウェアエンジニアの多くはクリエイティブクラスと呼ばれ、例えば年収2千万円といった高給を稼いでいます。しかし彼らは通常、現金は全く持ち歩いていません。そこでエスコート嬢達はスクエアのフィンテック技術に目を付けたわけです。

現金の忌避傾向は当然、仮想通貨を含むサーバー型電子マネーの利用も促進します。

一方、新興国でも現金所持は強盗にあう可能性が高く、サーバー型電子マネーが普及した国々では、現金の所持を忌避する傾向が高まっています。それが益々サーバー型電子マネーの需要を押し上げています。

そうなれば早晩、アップルペイやアンドロイドペイが新興国にも登場し、モバイル方式と競います。

■新興国が先行するサーバー型電子マネー

第3章で詳細に述べますが、サーバー型電子マネーの利用は先進国より新興国が明らかに先行しています。

その理由は、新興国で新しい産業革命が勃興する中、中産階級が育ち始める一方、銀行ネットワークの普及とモバイルネットワークの普及の間に大きな時差があるからです。例えばケニアの場合には銀行の支店ネットワークが大都市に点在する一方、モバイルネットワークの代理店は全土に広がり、国内に4万カ所余りあります。

このため国民が通信キャリアのサファリコム（英国ボーダフォンの子会社）に預金をしたいと思うことは自然のことなのです。こうしてケニアではサーバー型電子マネーである「エムペサ」と呼ばれる、通信キャリア、サファリコムが運営する金融サービスが普及し、ケニアの金融の主流になりました。

その動きはアフリカ全土からアジア諸国や中東、欧州、中南米にも広がり始めています。

■出稼ぎ者が待望するサーバー型電子マネーやフィンテック

フィリピンやカンボジア、そして米国大統領選挙で大きな問題となったメキシコなどは多くの国民が出稼ぎで外貨を稼いでいます。

ところが銀行を通した海外送金は手数料が1割程度と馬鹿高く、また日数もかかります。そこでサーバー型電子マネーを含むフィンテックが注目されています。

例えば英国のトランスファーワイズと呼ばれるフィンテック企業は、海外送金手数料を銀行経由の10分の１にまで落とすことに成功しています。

このやり方は非常に単純であり、例えばチェコから英国への出稼ぎの場合、外国為替市場は通常、両方向のニーズがありますから、稼いだ英国ポンドを売ってチェコの通貨コルナを買う送金ニーズと、一方チェコに進出した英国企業が本国送金のためにポンドを買うニーズを相殺し、バランスだけを送金する方法を取ることにより、安い海外送金手数料を実現させています。

その他出稼ぎ送金にはサーバー型電子マネーや仮想通貨を通す方式もあれば、世界の銀行業界が検討しているように国際間の銀行決済のための銀行ネットワークＳＷＩＦＴ（スイフト）をブロックチェーン方式（後述）で再開発し、コストを下げる試みもあります。２０１６年に発表されたスイフトのイニシアチブは、スイフト自らがブロックチェーンを強く指向した内容になっています。

２０１６年からは一部の銀行と試験的な運営を開始しています。これらの動きは明らかにフィンテックの動きを意識した銀行業界の防衛の動きです。

■サーバー型電子マネーと仮想通貨の規制の相違

本章の最後にはサーバー型電子マネーと仮想通貨の取引上の仕組みの違いについて説明したいと思います。

まず仮想通貨の場合は、円などと別の単位で発行されます。従って外国為替の取引をイメージするのがわかりやすいと思います。

円との間でレートが変動し、投機性があります。そして日本でも「外貨集中制度」が廃止（ＩＭＦ８条国への移行）される１９７２年までは、海外旅行で得たドルなどの外貨は、外国為替取扱銀行に売却する義務がありました。国内銀行では外貨預金も外貨での買い物もできなかったのです。

しかし現在では「外貨集中制度」は廃止され、外貨預金も認められていますし、株式と同じように外国為替の売買もできます。理論上消費者は国内でもドルで買い物ができます。

仮想通貨の仕組みは、基本それと同じだと考えられます。

違いはドルやユーロなどは米国やＥＵという国が発行した法定通貨であるのに対し

て、ビットコインのような仮想通貨は単なる支払い手段でしかないことです。従って２０１６年５月に成立したフィンテック法の一部である改正資金決済法では、仮想通貨の交換所に対する消費者保護名目での規制が述べられています。

判り易く申し上げれば、仮想通貨の規制はレート変動を前提とした円などとの交換所に関する管理の規制です。決済で使われるサーバー型電子マネーの事業者に供託金を求める規制とは規制内容が全く異なります。

なお、仮想通貨には外国為替と同様、株式市場類似の投機的な使い方や、中国のビットコイン利用に見られる資産ヘッジと決済での利用という両面の側面があります。

金融庁は「決済業務等の高度化に関するワーキング・グループ」において投機性を前提とした仮想通貨の法規制を検討したため、最初から仮想通貨の決済利用と投機利用の規制がごちゃ混ぜになっており、消費者保護の観点からは極めて不明瞭です。

仮想通貨を投機目的で使う規制に関しては早晩、金融商品取引法改正の議論が始まると考えられます。

さて金融庁が想定したように仮想通貨を現実の決済で利用する場合、ビットコインなどを受け入れると宣言している小売業の多くが決済時点での「決済と連動した仮想通貨の交換所での円転換」を実施しています。

消費者の買い物と連動して、受け取ったビットコインを売って円に転換して、円で決済しているわけです。

一方、サーバー型電子マネーには投機性がなく、法定通貨の円と同様の決済が行われます。

また電子マネーは前払い式支払い手段（一種の商品券）ですから、銀行への払い出しは、電子マネーの発行会社を経由して行わなければなりません。（ただし、日本の資金決済法は決済受領以外の目的での銀行払い出しを原則禁止しています）

さて電子マネーと仮想通貨の関係は、仮想通貨とはブロックチェーン方式による「サーバー型電子マネーや銀行口座サービスの進化形」という理解が判りやすいです。

中国人民銀行や英国イングランド銀行の論文は、明確にこの立場を取っています。その点、日本の金融庁、金融審議会などの議論は、極めて判りにくく底が浅いと言えるでしょう。

最後に電子マネーのマーケティングの仕組みを述べてみましょう。

電子マネーの普及の仕組みはクレジットカードの仕組みに準じています。ＶＩＳＡ

カードのような国際ブランドの運営を管理するブランド、実際にクレジットカードを発行するイシュアー、そして加盟店（クレジットカードを決済に使用する小売店）を開拓するアクワイアラーです。

電子マネーもこの仕組みに準じています。Ｓｕｉｃａの場合に当てはめれば、ブランドがＪＲ東日本であり、Ｓｕｉｃａの運営にかかわります。

またイシュアーもビューカードを発行しているＪＲ東日本グループです。

一方４・５億人が利用する中国のアリペイの場合には、イシュアーがアント・フィナンシャル、日本でのアクワイアラー、即ち加盟店獲得（アリペイで決済できる小売店獲得）は住信ＳＢＩネット銀行やオリックスが担当しています。

■地域通貨議論と仮想通貨

ブロックチェーン方式（分散発行、分散記帳方式）を外して考えれば、レートを固定した決済目的で利用する限り、電子マネーと仮想通貨には本質的な差がありません。

地域やコミュニティ内でだけ通用する地域通貨やエコマネーという発想は昔から議

論されています。

例えば1998年、カナダ、オンタリオ州のトロントだけで通用するトロントドル（カナダドルとの交換レートは1対1）が発行され話題を集めました。

これは紙の商品券に類似した一種の仮想通貨です。非営利団体のトロントドルコミュニティ社の地域通貨でしたが、2008年現在でも約150の小売業者がトロントドルを受け入れています。

日本の地域振興券もこういった地域通貨の議論の流れの中で出てきています。

さてこの地域通貨議論は「電子マネーで発行したらどうか」といった議論もあり、現在では「ビットコイン方式の仮想通貨で発行すべきだ」という議論まで巻き起こっています。前払い式支払い手段の議論ですが、本質的にはどれも同じで「紙で発行するか、電子的に発行するか、ブランド名を際立たせるために仮想通貨と呼ぶか」といった程度の差にすぎません。

しかしマーケティングの視点（普及の視点）からは「仮想通貨」という名称は大きなインパクトがあり、またブロックチェーン方式は非常に効率的なため、銀行や中央銀行がキャッシュレス社会推進の目的で仮想通貨を発行したがるのは良く理解できます。

仮想通貨として発行された地域通貨、カナダのトロントドル

実際、日本の山陰合同銀行は２０１６年に地域振興券やエコマネーなどをイメージして仮想通貨の「ごうぎんコイン」を発行し、約３週間、60人が参加して行内（社員食堂や売店）で実証実験を行っています。コンサルティング会社ＯＲＢのブロックチェーン技術を使い、１コイン＝１円で発行しています。決済にはアイフォンで独自の決済アプリを開発し、エムポス方式のＱＲコード利用と組み合わせて実施しました。これは様々な電子マネー実験と変わりがありません。

サーバー型電子マネーは枯れた技術による簡易的なやり方であり、一方仮想通貨は成熟していない先端技術のサービスという違いがあります。

■アップルペイ、アンドロイドペイと仮想通貨

アップルペイやアンドロイドペイが仮想通貨に対応する可能性はあるのでしょうか。

例えば日本国内で多数の小売店がドルを受け取る場面を想像してみてください。実際、欧州ではＥＵ加盟のチェコのような非ユーロ圏諸国では、多くのお店でチェココルナ以外にユーロも受けとってくれます。恐らくチェコでアップルペイがサービス開始になれば、当然、ユーロにも対応することになるでしょう。

様々な仮想通貨が各国内で流通する状況になれば、当然、アップルペイやアンドロイドペイは仮想通貨を取り扱うでしょう。

実際、グーグルはアンドロイドペイの日本上陸に関して、三菱東京ＵＦＪ銀行とタイアップしたと言われています。２０１７年末にＭＵＦＧコインが消費者向けに出たと仮定すれば、その普及の為にアンドロイドペイが使われる可能性もあります。仮想通貨はサーバー型電子マネーの次世代進化形です。２０１６年、ＭＵＦＧコインは三菱東京ＵＦＪ銀行とその関係会社の社員が実証実験に参加しています。

■グーグルやアップル、アマゾンは仮想通貨に出るのか

さてグーグルの開発チームの一部が盛んに仮想通貨（暗号通貨）に関するビデオをユーチューブに投稿し、グーグルの仮想通貨発行の可能性を匂わせています。

これは非常に面白いです。仮にグーグルが「グーグルドル」や「グーグルユーロ」を発行し、それをアンドロイドペイに載せたら一体、どうなるのでしょうか。

具体的には米国内の様々な銀行が発行する仮想通貨（たとえばシティコイン）と連携してグーグルドルを発行することも考えられます。

重要な点は銀行も含めて仮想通貨（暗号通貨）に熱心な企業ほど仮想通貨の投機性を嫌い「法定通貨と仮想通貨との交換レートは一対一であり、両者に境目はない」と考えている点でしょう。そしてお金の情報処理と帳簿方式は今後の流れとして、サーバー型電子マネーや銀行口座による法定通貨の処理から、次第に未来技術であるビットコイン発のブロックチェーン方式を採用する方向に動いている点です。

いずれは様々な銀行や一般事業会社がサーバー型電子マネーやデビットカードの代

わりに独自の仮想通貨（サーバー型電子マネーの次世代進化形）を発行し、それをアンドロイドペイやアップルペイが処理する可能性が出てきます。

またグーグルは直接決済で稼がなくてもクレジットカード会社が行っているような利用者の購買行動分析（ＲＦＭ分析など最近いつ買い物をしたか、頻度はどうか、使った金額は幾らかなどの分析にコンバージョンレートなども加える）や広告で稼ぐことができます。

グーグルは既にグーグルウォレットと呼ばれるサーバー型電子マネーを持っており、アップルもアップル・ｉＤに決済用の預金を持つことができます。これらのサービスを将来、仮想通貨（暗号通貨）に衣替えする可能性も見ておかなければならないと思われます。

第3章　仮想通貨とサーバー型電子マネー　世界の動き

FIN
TECH

■中央銀行でも仮想通貨を発行

さてこの章では注目の仮想通貨とサーバー型電子マネーの具体的な事例について話を進めます。

サーバー型電子マネーについては既に中国の事例を見ましたが、新興国が日本を凌駕している例はそれだけではありません。

また仮想通貨に関しても、フィリピンなど一部の国では既に中央銀行が仮想通貨を発行するに至っています。

■世界が注目するサーバー型電子マネー、ケニアの「エムペサ」

日本からの旅行者が「まるでLINEの決済・送金システム、LINEペイそっくりだ」とか「日本の未来がケニアでは既に実現されている」と一様に驚くのが、ケニアのサーバー型電子マネー「エムペサ」です。

決済・送金に関しては、ケニアは中国よりも先を行き、フィンテック決済の最先端の国であると申せましょう。

さてケニアのサーバー型電子マネー、エムペサはモバイルネットワーク、即ち携帯電話のショートメッセージを消費者感覚では小切手代わりとして送金できるサービスということができます。

むろん、ショートメッセージですから国内の銀行法で述べられているような厳密な小切手ではありませんが、一般消費者の立場から見れば、そう受け取っても問題ないでしょう。このモバイル送金サービスは大成功し、ケニアの国民消費生活を支える金融面でのインフラになっています。

エムペサは携帯電話のショートメッセージを使って送金するサービスで、エムはモバイルを、ペサとはスワヒリ語で貨幣を指す言葉です。

２０１５年現在ではケニアのＧＤＰの約87％に相当する送金がエムペサによりなされています。

エムペサは、日本ではソフトバンクの前身として知られている通信キャリアのボーダフォン・グループの傘下にあるケニア現地会社、サファリコムが主体であり、ケニアの最大手銀行と言われるバンク・オブ・アフリカの全面協力を得て運営しています。

英国の国際開発省はアフリカ各国の調査をした際、アフリカでは携帯電話の利用時間を貨幣のように売買したり、送金に使っているのに気づき、これをサーバー型電子マネーのヒントにして、通信キャリアのボーダフォンに持ちかけました。

様々な調査の結果、開始当初、主な利用目的には産業振興のためのマイクロファイナンス（バングラデシュなどで成功した微小貸付）普及の手段を考えていたようです。2003年頃、英国の国際開発省が英国本社のボーダフォンに声をかけ、2005年からケニアの首都、ナイロビの郊外でテスト利用が開始されています。

マイクロファイナンスというのは、2006年、グラミン銀行と創設者のムハマド・ユヌス氏がノーベル平和賞を授与されて有名になったコンセプトです。ベース・オブ・ピラミッドと呼ばれる世界の最低所得国家において産業を興し、貧困を撲滅する非常に有効な手段としてマイクロファイナンスは注目を集めました。数十ドルから数百ドル程度の小口融資を「起業を志す女性」などに貸し出し、経済を成長させるサービスです。

ケニアのエムペサも当初はマイクロファイナンス向けの手段として開発されました。しかし後に給与などの送金に利用されるニーズがあることが判明し、2007年から送金サービスとして正式なサービスが開始されました。

余談ですがバングラデシュはバングラデシュ銀行（日銀に相当）の総裁がモバイルバンキング立国を提案しており、同国ではマイクロファイナンスの定期返済から始まったサーバー型電子マネーの利用者数は既に２７００万人に達しています。その中のブラク銀行がサービスしているビーキャッシュは約１８００万人（口座数）が利用しています。

さてエムペサの話に戻りますが、ケニアでは産業革命と同時にＩｏＴ革命が始まり、携帯電話の普及率が約70％に及んでいますが、国民の圧倒的多数が銀行口座を持っていません。その時差を縫って、モバイルネットワーク上での独特の金融制度が通信キャリアにより普及しました。

丁度、モバイルフォンが固定電話をすっ飛ばして発達したように、銀行サービスを飛ばして新しい決済制度が普及し始めました。その結果、銀行口座を持たない（アンバンク状態）で中産階級が形成され始めたのです。

ちなみにサブサハラと呼ばれるサハラ砂漠の南の地域は人口の70％はモバイルフォンを使う一方、クレジットカードはおろか、銀行口座すら持っていません。またエムペサを活用するにあたっては、必ずしもスマートフォンは必要がなく、従来のフィーチャーフォンでも利用できます。そしてケニアの通貨、ケニアシリングとの間でも壁がなく利用できます。銀行口座を持っていなくてもエムペサに預り金口座を作れますし、田舎の家族などはエムペサ口座を持っていなくても送金額を現金で受け取ることができます。新興国では固定電話などが普及する前に携帯電話が普及し、産業の蛙飛び型発展が起こっていると言われてきました。

クレジットカードと銀行サービスを蛙飛びしたケニアのエムペサは正にこの典型的な発展型と申せましょう。第四次産業革命、ＩｏＴの時代には新興国の発展は従来の「雁行型」ではなく「蛙飛び型」に変化し始めています。

ちょっと給与支払いの事例を見てみましょう。ケニアでは多くの企業が従業員のエムペサ口座に給与を振り込みます。そして従業員は送金メッセージで田舎の家族宛に送金します。

田舎の家族はモバイルフォンのショートメッセージと身分証明書をサファリコムの代理店に提示し、現金を受け取ることができます。家族はエムペサ口座を持っている必要すらありません。さすがにケニアも田舎ではまだ現金経済が基本だからです。またサファリコムの代理店の数はケニア全体で約７万店にも及びます。とてもお堅い銀行が支店の数で上回れる状況ではありません。

特にケニアではマサイ族の働き手が都会に働きに行った結果、田舎の家族への送金ニーズが大きかったと言われています。従来は田舎に向かうトラックなどに現金移送を託していた人々が、次第にエムペサによるモバイル送金に移っていきました。

確かにその方が安全であり、確実に家族にお金を渡すことができます。同じ部族を大切にし、家族を大切にするある意味で古いケニアの人々の文化が最先端のモバイル送金利用を可能にしたという対比がとても面白いです。考えてみればこれは非常に理にかなったやり方でした。

また充実したコールセンターのサービスが消費者の信頼を支えています。

次の事例は旅行者です。多くのケニアへの旅行者はセキュリティの問題もあり、空港で現金をエムペサに変えます。そしてビジネスマンが空港で現金をエムペサ口座に預金し現金を持たないでバスに乗ります。

そして首都ナイロビについたらエムペサの代理店に行って現金を下ろします。ナイロビのような都会ではホテル、スーパーマーケットやレストランではエムペサ支払いが当たり前になっているからです。

むろん、電気代や水道料金など公共料金もエムペサで支払えます。では旅行者が空港からタクシーに乗る場合はどうでしょうか。

空港のタクシーは旅行者に「現金払いか、エムペサ払いか」と聞いてきます。「エムペサで支払う」と言えばにっこりと微笑みます。そのわけは強盗に襲われても安心だからです。タクシーがナイロビの街に入り、渋滞の中物売りがやってきます。そして何かを買った場合、同じように「現金払いか、エムペサ払いか」と聞いてきます。「エムペサで支払う」と言えば強盗のリスクを避けられるのでやはり微笑みます。決済はモバイルフォンに支払額を入力し、電話番号を指定して相手のモバイルフォンに送金するという簡便なやり方です。（モバイルポス方式よりもさらに単純）

こうしてエムペサは、次第にナイロビなど都会の様々なお店でも使われるようになり、その結果、ケニアの生産人口約2600万人の内、約2000万人に普及しました。また残りの約600万人はライバルのサービスを使っています。なお、ケニアの人口は4400万人です。

ではケニアのその他の金融サービスはどうなっているのでしょうか。面白いのはエムペサの周囲に様々な企業がフィンテックのサービスを作り上げている点でしょう。

例えばエムペサを活用した貸付などのサービスがあります。

　これには銀行やスタートアップ企業が参加しています。例えばＫＣＢ銀行は非常に低利でエムペサ融資を行っています。その場合、お金はＫＣＢ銀行のエムペサ口座と借り手のエムペサ口座の間で移動します。

　またサファリコム、親会社のボーダフォン、コマーシャルバンク・オブ・アフリカは２０１２年からエムサファリと呼ばれる貸付サービスを運営しています。それにはエムペサに金利を付ける預金とローンのサービスが含まれています。

　エムペサは法定通貨と一対一で交換でき、ブロックチェーン方式は使っていないため、筆者らはサーバー型電子マネーに分類していますが、これが将来、ブロックチェーン方式を採用し仮想通貨に移行しても決しておかしくありません。何故ならば両者の本質は同じだからです。

　さてエムペサのサービスが開始された当初、当然、銀行各行は大反対でした。しかしエムペサの大成功を見て現在では協力姿勢に転じています。そして約30の銀行と約１６０の金融機関がエムペサに参加する提携相手となっています。

　通常のバンキングサービスと異なり、モバイル用にデザインされている為、普及が早く、銀行にとってはどうにも手の打ちようがなかったというところでしょう。様々な金融機関とのタイアップは銀行口座とエムペサ口座の間のスムースな資金移動を可能にします。

　また仮想通貨のビットコインと異なりサファリコムの中央管理が徹底しており、ケニア政府もバックアップせざるを得ませんでした。

■銀行がエムペサのライバルサービス立ち上げ

　さて銀行各行はエムペサの一人勝ちを、指をくわえてみていただけではありませんでした。また同じことはケニア国内の他の通信キャリア事業者にも当てはまります。一時エムペサに協力姿勢を示していたエクイティ銀行はその後エムペサと決裂し、2014年、MVNOと呼ばれる仮想移動体サービス事業「フィンサーブ」を立ち上げました。

　狙いは当然、個人間送金や預金の獲得です。国内でも小売店大手のイオンが大手通信事業者から回線を借りてイオンモバイルを立ち上げていますが、それと同じです。

そしてエムペサのライバルサービスであるサーバー型電子マネーの「エアーテルマネー」としての展開を始めました。回線を提供したのはサファリコムのインド系ライバル通信会社であるエアーテル・ネットワークス（エアーテルケニア）でした。実はエアーテル・ネットワークスは、ケニアにおけるエムペサの成功を見て本国のインドで２０１１年、類似のサーバー型電子マネー、エアーテルマネーを展開していたのです。エクイティ銀行の動きを見てタイアップを申し出たのでしょう。

またエムペサのその他のライバルサービスには50万顧客が使う「タンガザ」や「ジオンセル」などがあります。

注目すべきはエムペサの銀行サービスへの波及効果です。ケニアではエムペサの導入により、逆に銀行口座が普及し、２０１６年現在では成人の75％が銀行サービスを利用しています。（その結果、クレジットカードも普及しています）

そしてケニアの銀行業界は日本の全銀ネットワークに当たる銀行間ネットワーク「リアルタイム・バンキング・スイッチ」を開始しています。

これまでの銀行間送金のやり方は多くの場合、一旦、エムペサ口座を通して行われてきました。しかし２０１６年５月これでやっと銀行間送金が普通に可能となりました。さすがにケニアの銀行業界にとっては、銀行間送金だけは本来の銀行業務に取り戻したいということのようです。

ただし、これはただ単にケニアだけの問題ではありません。

■エムペサの拡大

エムペサを開発した英国のボーダフォンは、当然、様々な国でエムペサのサービスを展開しています。例えばタンザニアではボーダフォンが２０１６年までに７百万人の口座を開設するに至っています。２０１０年には南アフリカで利用が開始されています。

南アフリカの場合には金融の規制が厳しく、また銀行口座の普及率が70％を超えている点。更にモバイルバンキングが韓国や中国、北欧並みの50―60％も普及している点からみてケニアのエムペサは必ずしも必要とされていないようです。

一方、中東のアフガニスタンでは、警察の給与支払いをエムペサに変更して汚職が減ったという報告が出ています。その他ガーナなどでもボーダフォンはエムペサのサービスを実施しています。

欧州でもエムペサは利用されており、2014年にはユーロ圏のルーマニアに上陸しました。また2015年、アルバニアでもサービスが開始されています。

■ケニア銀行業界の反撃

さてさすがにエムペサにやられっぱなしのケニア銀行業界も銀行間送金までエムペサに取られては銀行の存在意義が消えると思い、2016年5月、ケニアで銀行ネットワーク（日本の全銀ネットに相当するサービス）を立ち上げました。

従来はエムペサを経由して銀行間の送金を行っていましたが、さすがにそれではまずいと考えたようです。

余談ですが、面白いのは米国や日本でもサーバー型電子マネーの普及のおかげで類似の動きが起こっていることです。フィンテックが銀行ネットワークの在り方を変え始めたのです。

米国の場合は、2016年3月に開始したリアルタイムによる新送金ネットワークのクリアーエクスチェンジ（clearXchange）が注目されています。

バンカメやＪＰモルガン・チェース銀行、ウェルズファーゴ銀行などがサービスを立ち上げ、その後シティ銀行が参加したクリアーエクスチェンジは、24時間、３６５日、異なる銀行同士の銀行口座間送金がリアルタイムでできます。

従来の小口送金用のＡＣＨネットワークは、銀行間の送金に数日を要していました。これでは食事の割り勘清算などに時間がかかりすぎてしまいます。

それに反発したミレニアル世代などの若者がペイパルやベンモの送金サービスに流れていました。

一方、日本でも住信ＳＢＩ銀行や横浜銀行などがブロックチェーン方式の新送金システムを立ち上げ、それに三井住友信託銀行など38行が参加します。参加各行が相互に取引を認証するという例のブロックチェーン方式を使って24時間、３６５日の低コスト送金を実現し、台頭するサーバー型電子マネー、ＬＩＮＥペイによる送金などのスタートアップ企業のフィンテック勢に対抗します。

既にアマゾンのクラウドサービスＡＷＳ上で実証実験を実施し、２５０万の仮想口座の間での毎時間９万件の取引が処理できるテスト環境を作り上げています。サービスの開始は２０１７年3月ごろとみられています。

これはＬＩＮＥペイなどの国内フィンテックの議論でよく出てくる話ですが「銀行が土日にサービスを閉じ、午後3時で終わるのはおかしい」という声に耳を傾けたものと思われます。ブロックチェーン方式を使えばコンピューターのサーバー代が断然、安くなりますから、その分、送金手数料も下げて、サーバー型電子マネーに対抗するつもりのようです。

サーバー型電子マネーは、ケニアでも米国でも日本でもそして欧州でも銀行ネットワークの在り方を変え始めています。

ケニアの銀行の動きが米国や日本の動きの先を行き始めているというのも興味深いです。

■ナイジェリアの「パガ」、「レディキャッシュ」

ナイジェリアは人口１・７億人、識字率68％、携帯電話の普及率94％、銀行口座の普及率20％（２０１６年には44％に改善）、取り引きの95％が現金取り引きの国です。

同国はアフリカではエジプト、南アフリカに次ぐ経済規模を誇っています。今でこそ石油価格の低迷で経済が停滞していますが、資源市場拡大の波に乗って中産階級が誕生し始め、産業革命とIoT革命が同時に到来している国です。また2014年には10億ドルのEC市場（ネット通販市場）が立ち上がり、ジュミアとコンガと呼ばれる企業が成長しています。

EC市場（ネット通販市場）の拡大に合わせて2009年からフィンテック企業のパガテックの「パガ」とライバルの「レディキャッシュ」がウォレットサービス（サーバー型電子マネー）として成長しています。

両サービスはそれぞれ独自の預り金口座を持ち、モバイルフォンでの送金と決済が可能となっています。両サービス合計で数百万口座を獲しており、送金の受け手は口座登録が不要となっています。

また電気代やCATV代も両サービスの口座から支払えます。

パガの創業に関しては逸話があります。従来、ナイジェリアにおける出稼ぎ送金はバスの運転手などに依頼していました。しかしバスは強盗に襲われる危険があります。またナイロビのような都会では現金の持ち歩きは危険でした。スタンフォード大出の「パガテック」の創業者は、そんな祖国の現状に我慢できず起業したと言われています。

現在、パガは約180万人の口座を獲得し、全土に約7千の代理店を展開しています。そして7つの銀行とタイアップしています。

注目すべき点は、「パガ」の発行会社パガテックは2016年、eBayと提携し、越境ECの決済（ナイジェリアへの海外商品の輸入）に関しては「パガ」で支払うことができるようになっています。この点はケニアのエムペサも同様です。eBayと提携し、越境ECでの決済にエムペサ支払いを可能としています。

またパガは店舗支払いにも進出しており、その一環として2016年1月、フリーランス・タクシーのUber（合法白タクとして知られるウーバー）の運賃支払いにパガ支払いを導入しました。それもパガでの支払いの場合には、タクシー代が20％も割り引かれます。

スマートフォンからはアンドロイドフォンのアプリまたはモバイルWebで支払うという方式です。

さてパガの送金手数料は1回1―4ドルと言われています。また2種類の送金法があり、送金者自身のパガ口座から送金する方法が一つです。

エムペサと同じく受取人はパガに口座を持っていなくても構いません。送金のショートメッセージと身分証を代理店で示せば現金が受け取れる点もエムペサと同じです。

第二の送金方法は日本の一部の為替取り引きにそっくりです。

送金者は代理店に現金を持っていき、代理店がショートメッセージで受取人に送金を伝達します。そして受け取り人は銀行口座への払い出し、代理店での現金入金、またはATMでの現金の引き下ろしにより送金額を受け取れます。

■フランス系通信キャリアもボツワナで

実はフランス系の通信キャリア・オレンジも南アフリカの隣国ボツワナでエムペサと類似のオレンジマネー・サービス（サーバー型電子マネー）を実施しています。

通信キャリア・オレンジは、オレンジマネー口座を消費者にサービスしています。組み手はクレジットカード会社のVISAです。その結果、スマートフォンから決済やオレンジマネーの口座間送金が可能になりました。
オレンジマネーはボツワナを中心にアフリカ全体で約３００万人の利用者がいます。（人口が２００万人のボツワナ国内に限れば30万利用者であり、市場シェアの64％です）
一方、ＶＩＳＡはオレンジマネーのプリペイドカードも発行し、店舗のポスシステム上でオレンジマネーが使えるようにしています。（約４０００店舗とＥＣショップ）
米国で開発した仕組みのＶＩＳＡペイパスウォレットを使ってオレンジマネー口座からの支払いを実現しました。またＶＩＳＡプリペイドカードにより24時間、３６５日、約３００の銀行ＡＴＭでの現金の払い出しも可能です。
消費者の多くは銀行カード代わりに使っており、サービスが始まった２０１０年には5千回の利用でしたが、２０１３年には3百万回に利用回数が増加しています。

■インドの電子マネー「ペイテイム」

インドもすでにお話ししたエアーテルマネーや米カード会社ＶＩＳＡが展開するエ

ムビザ（mVisa）など様々なサーバー型電子マネーが入り乱れている激戦地です。

インドの中央銀行はサーバー型電子マネーの普及に力を入れています。そのため、ＩＣＩＣ（アイシーアイシー）銀行など多くのインドの地場銀行もサーバー型電子マネーやモバイルバンキングには非常に熱心です。さてここでご紹介するのは「ペイテイム」と呼ばれる電子マネーです。

インドの「ペイテイム」は中国やナイジェリアと同様、ＥＣ決済（ネット通販決済）から誕生しています。ＥＣ企業（ネット通販企業）のワン・ナインティセブン・コミュニケーションズが、２０１４年「ペイテイムウォレット」のサービスを開始しました。それがあっという間に普及し、２０１５年末には実質利用者数が3千5百万人に上っています。そして毎月の利用数は9千5百万件に上っています。「ペイテイム」はインドのアリペイと呼ばれています。

注目すべきは２０１６年5月、中国のアリペイとインドのペイテイムが提携し、世界68か国４００都市において合法白タクのUberに乗車した場合、乗車料金をアリペイからでもペイテイムからでも支払えるようにしたニュースです。

筆者らはアリペイとペイテイムのサーバー型電子マネー連合ができ始めていると考

えています。こうして様々なサーバー型電子マネーが国境を越えて横につながり始めています。

恐らく中国のアリペイは今後、様々な地場の電子マネーとの提携戦略を仕掛けてくるでしょう。これは要注意です。

■インドのモバイルバンキング

既に一部紹介していますが、インドの地元、通信キャリアのエアテルネットワークスがケニヤのエムペサに触発されて立ち上げたのが「エアテルマネー」です。２０１１年に開始されたモバイルマネーサービスです。（日本ではモバイルバンキングと呼ばれています）

通信キャリアのエアテルに預り金口座を持ち、支払、送金など自由にできます。また預り金口座への入金は現金やデビットカード、クレジットカードが使えます。エアテルマネーはスマートフォンだけのサービスである他、アップルペイやアンドロイドペイと同様、店舗決済ではＮＦＣチップによる支払いが特徴です。

アリペイやペイティムのようなインターネット方式の決済ではありません。

■インドのサーバー型電子マネー「エムVISA」

一見ケニアのエムペサと似ていて紛らわしいかもしれませんが、インドの銀行業界と米国のVISAカードが組んでサービスを開始したサーバー型電子マネーがエムVISAです。

既に米国ではアンバンク顧客、アンダーバンク顧客対策として各カード会社はリロードダブルプリペイドカードと呼ばれるサーバー型電子マネーをサービスしています。その新興国版がインドのエムVISAというわけです。対象はスマートフォンや一般携帯電話であり、VISAネットワーク（VISAカードのネットワーク）を経由して決済が行われます。

VISAカードのクレジットカードとデビットカードの提供以外にVISA自身がプリペイドカード上に独自の預り金口座（プリペイドカード口座）を持ち、ショップへの支払いや顧客のエムVISA預り金口座間、また友達や家族に対しても送金が可能です。

しかしエムＶＩＳＡの狙いは第一義的に物理店舗（ショップ）での決済の効率化にあります。アプリ決済ではアリペイと同様、ＱＲコードを読むか、小売店のｉＤ番号を入力して送金金額を入力後、支払いをします。カード会社がインドではＮＦＣチップによるポス方式ではなく、簡便なエムポス方式（モバイルポス方式）を使っている事例です。

この点、同じＶＩＳＡでもボツワナのオレンジマネー（店舗決済は従来型のクレジットカードポス主体の利用）との対比が面白いです。

２０１５年９月から開始されたサービスでは、バンガロールの約２万の小売店の参加により始まりました。ケニアのエムペサと同様ショートメッセージによる個人間送金が可能となっています。

エムビザアプリも提供しますが、様々なアプリ開発はオープンシステムの制度を利用して外部に開放しています。銀行ではアクシス銀行、ＨＤＦＣ銀行、ＩＣＩＣ銀行更にインドステート銀行が参加しています。銀行の狙いはデビットカードによる銀行口座からの決済促進にあります。支払いはＶＩＳＡのポケットアプリからでもできますし、ポケットプリペイドカードや各行の発行するデビットカードでも可能となっています。

エムＶＩＳＡは次第にインド全土に拡大していますが、２０１６年末にはナイジェリアにも進出しています。戦いの決着がついた中国に比べ、インドやナイジェリアはサーバー型電子マネーの激戦地の様相を呈しています。

■ベトナムでは「モモ」が全土の71％に普及

さて東南アジアですが、携帯電話が普及する一方、銀行口座の普及が遅れている国の銀行口座普及率はベトナム３０・８％、インドネシア36％、フィリピン28％となっています。一方シンガポールの銀行口座普及率は９６・３％、マレーシアは81％、タイは78％など高い普及率となっています。

ケニア型のサーバー型電子マネーの普及環境が整っていると考えられるベトナムでは「モモ」と呼ばれるサービスが全土（全省や都市）の71％にまで広まっています。（共産党政権のベトナムでは州単位の免許という規制があります）「モモ」のサービスは民間スタートアップ企業のエムサービスによって立ち上げられました。

そして英国のスタンダードチャータード銀行の支援及び出資を受けています。

全国４千カ所に代理店を設置し、今後２０１７年末までに１万千店まで数を拡大する計画です。

そして２０１６年初頭現在のスマートフォンアプリ利用者数は約百万人と言われています。サービスの立ち上げが２０１５年８月である点を考慮すれば順調に伸びていると言えましょう。

そしてベトナムのすべての通信キャリアと提携しています。モモは店舗での決済を狙っており、モモ専用のポス端末の普及も行っています。モモを開始したエムサービスはユーザー数が5億人を誇る中国のアリペイに感化され、サービスを始めました。

また新しい産業革命時代を迎えてベトナム政府はインドの中央銀行同様、キャッシュレス社会化に熱心です。

■韓国の電子マネーを使うカンボジア

韓国企業もキャッシュレス社会に関してはクレジットカードと電子マネーの利用を含めれば総合的に明らかに日本より先を行っています。さてその韓国の「ウェブキャッシュ」がカンボジで導入され人気を博しています。

2015年1月韓国企業ウェブキャシュはカンボジア現地のウイングマネーコムと提携してカンボジアで電子マネーサービスを開始しました。

ウイングマネーコムは元来、豪州のオーストラリア・ニュージーランド銀行が設立し、その後、地場企業に売却された経緯があります。さてカンボジアは銀行口座の普及率が5％と低く、最大の銀行でも支店ネットワークが120支店程度でしかありません。

銀行のサービスは遅くて使いづらいのが特徴です。また「ウェブキャッシュ」の利用者数は未だ60万人（2016年春現在、またカンボジアの人口は1500万人）ですが、タイへの出稼ぎの人々の間に広まっています。

一方、ウイングマネーコムは全土に2000の代理店網を立ち上げています。

早速、カンボジア企業の約10社（社員合計1万人）が給与支払いに利用を始めたほか、通信費、電気代、教育費の支払いも開始されています。

しかし「ウェブキャッシュ」が最も受けているのは、海外からの送金です。海外送金を受け取るには代理店の他「ウェブキャッシュ」による全国220のATMを利用できます。「ウェブキャッシュ」での送金はタイ側との取り決めで、出稼ぎ労働者数万人の送金をサービスしています。

出稼ぎ送金に関しては手数料が高く、送金処理の遅い銀行を完全に凌駕しています。例えばカンボジアのある代理店の一つである写真館は1日100〜200件程度の送金や換金を行っています。

また最近ではウイングカードと呼ばれるプリペイドカードも発行しており、店舗決済がやり易くなりました。

このサービスは明らかに成功であり、ベトナムの通信キャリア、ベッテルの傘下にあるメットフォンがライバルサービスを立ち上げたほどです。

現在、全世界のクロスボーダー（国境越え）送金総額6千憶ドル（2014年）の約6%がインターネットで行われており、今後は急速に増加すると予測されています。

■シンガポールの送金サービス「マッチムーブペイ」

アジアの金融最先進国であるシンガポールでもサーバー型電子マネーは台頭しています。

同国ではペイパルが越境EC（ネット通販）の10～20％利用される反面、国内でのペイパル利用はほとんどありませんでした。そこで２０１４年、スタートアップ企業のマッチムーブペイが立ち上がりました。その後２０１５年にはシンガポール当局から送金ライセンス（一種の銀行免許、シンガポールでは送金には銀行免許が必要）を取得してモバイルバンキングを進めています。マッチムーブペイともマッチムーブウォレットとも呼ばれる同社のモバイルペイメントサービス（モバイルアプリのサービス）は、独自の預り金を持つ、ＶＩＳＡカードと提携して仮想プリペイドカード（物理カードが発行されないスマートフォン上のプリペイドカード）を発行しました。

一方、ＶＩＳＡのライバル、マスターカードとは仮想カードだけではなく、物理的なプリペイドカードを発行しています。

２０１５年10月から送金サービスを開始し、２０１６年春現在、利用者数は約30万人です。しかし同時にアセアン諸国に（フィリピン、ベトナム、インド、タイ、インドネシア、マレーシア）でもサービスを開始しており、アセアンの勢いに乗って急速に利用者が増加するかどうか注目されています。

決済の対象は物理店舗もＥＣ市場（ネット通販）も共に対象となっており、アマゾンのクラウドサービスＡＷＳを利用しています。

■タイ最大通信キャリアが「トゥルーマネー」

日経新聞の「私の履歴書」に掲載されたため、タイの食品財閥、チャロンポーカパーングループ（以降ＣＰグループ）の創始者、タニン・チャラワノン氏は日本でも有名になりました。彼が立ち上げたのがタイ最大の通信キャリアであるトゥルーコミュニケーションです。同社はケニアのエムペサに先駆けた２００３年、プリペイドカード「トゥルーマネー」のサービスを開始しました。２０１３年にはモバイル決済アプリ（ウォレットアプリ）のサービスを開始しています。

狙いはミレニアル世代です。現在、利用者数は約70万人、月額平均利用額は一人当たり５０００バーツです。当初はトゥルーマネーコーポレーションと呼ばれていましたが、現在はアセンドグループとしてスピンオフしています。（ただし、ＣＰグループの子会社）多くの場合、マスターカードと提携したクレジットカードやプリペイドカードを購入してトゥルーマネーにチャージします。

当初はあまり個人間送金などには使われず、プリペイドカードとしてトゥルーコミュニケーションの通信料やＣＡＴＶの代金支払いに活用されていました。現在はマスターカードと提携しています。またＬＩＮＥのスタンプなどの購入にも使えます。しかし２０１５年ＬＩＮＥペイがタイにも登場し始めて競争が激化しています。そこでトゥルーマネーを運営するアセンドグループは、中国のアリペイのアント・フィナンシャルと連携し、２０１６年11月、アント・フィナンシャルから出資も受けてＬＩＮＥペイに対抗し始めています。

既にＣＰグループがタイで運営しているコンビニのセブン-イレブン約９０００店ではトゥルーマネーの他、アリペイも使えます。また今回の投資を伴う提携は中国大手ＥＣ市場（ネット通販）のアリババ本体も直接、関与しています。

そして2016年4月、アリババが買収した大手EC市場のラザダ（タイやシンガポール、インドネシアなど東南アジア6カ国でビジネス展開）のタイでの運営強化の為にトゥルーマネーとアリペイの勝者連合を活用します。

タイはEC市場も活性化するなど今後の展開が楽しみです。

■韓国ロッテ・グループのサーバー型電子マネーが日本にも

韓国はクレジットカードやサーバー型電子マネーの利用により、日本よりはるかにキャッシュレス社会が進んでいます。

韓国ロッテ・グループに属するイービーカード（EB CARD）は韓国で電子マネー「キャッシュビー」を提供しています。スマートフォンにアプリを入れて、クレジットカードなどからお金を入金すれば、いつでも韓国内の電子マネー「キャッシュビー」加盟店で利用できます。

バスやタクシー、地下鉄も含むソウルなど大都市の交通機関、映画館、デパート、喫茶店、コンビニやスーパー、ロッテワールドなどで利用できます。2012年時点で約500万人が韓国内7万か所で利用しています。

イービーカードはスマートフォンのNFCチップに対応したポス決済方式を選んでおり、物理店舗中心にサービスを展開しています。コリアテレコムなど3大通信キャリアすべてと提携してサービスをしています。

そこでNTTドコモ、au、ソフトバンク各社は韓国旅行を控えたアンドロイドフォンの利用者向けに「キャッシュビー」の事前購入を推奨しています。

韓国ではこの他にTマネーと呼ばれるサーバー型電子マネーもあり、同様に地下鉄やバス、タクシーで利用できます。

■エクアドルの仮想通貨

国内の公式通貨にドルを使用している南米エクアドルでは、エクアドル中央銀行が政府の計画に基づいて「デイネロエレクトロニコ」と呼ばれるブロックチェーン方式による仮想通貨を発行しています。

2014年末から流通が始まっています。通信キャリアではテレフォニカなどが開発に協力しています。（中央銀行とテレフォニカの共同開発）ドルとの交換比率は一対一の固定レートです。

スマートフォンなどによるモバイル決済の通貨であり、国内にいる約40％のアンバンク層（貧困層）を狙ったものです。

政府は２０１５年末までに50万人への普及を狙いましたが、２０１５年４月現在、約１・１万人が口座を作って利用するにとどまっています。

対象はエクアドル人だけです。仮想通貨による汚職撲滅も目的の中にあります。その結果、ビットコインなどその他の仮想通貨利用はすべて禁止されました。

■フィリピンの仮想通貨「Ｅペソ」

フィリピンは中央銀行が仮想通貨の発行に踏み切った国としてエクアドルとともに注目を集めています。

２０１０年代になってフィリピンは米国からの援助（USAid）により国を挙げてビットコインや電子マネーを研究しました。

現金のない、効率的なキャッシュレス社会を目指したわけです。その結果、Eペソインク社を立ち上げ（仮想通貨Eペソとペソとの交換比率は1対1）Eペソのダッシュボードと呼ばれる預り金口座類似サービス（実際はウォレット即ち財布を預かるサービスと取引履歴記録）を提供しています。ブロックチェーン方式ですが財布はEペソインク社で集中管理しています。実態はサーバー型電子マネーとの折衷方式です、フィリピン議会は2014年E-Peso法（仮想通貨E-Pesoの発行）を通過させました。Eペソは2015年1月に発行されました。そして当初2年間は実験期間ということで流通量が10億ペソ（1ペソ＝約2・15円）に抑えられています。

Eペソは中央銀行による発行の為、国内の全ての銀行支店はEペソを取り扱う義務があります。そして決済やショートメッセージ送金、給与支払いなどに活用され始めています。リローダブルプリペイドカードもマスターカードなどと提携して「Eペソマスターカード」などを提供しています。そしてスマートフォンアプリ（NFCチップ付き）による従来型ポス方式（コンタクトレス決済）によりお店のポス端末で支払うことができます。なお、QRコードによるエムポス方式も追加されました。VISAカード版も発行予定です。

フィリピンは銀行口座の普及率が20％程度という完全なアンバンク状態にあり、一方スマートフォンの普及は25％であり、インターネットは50％の国民が使っています。フィリピン政府は約90％に上る現金決済をどうにかしたいと思っています。海外送金対応にも熱心であり、海外の出稼ぎ者は、受け手のモバイルフォンにショートメッセージと16文字のキーを送るとそのキーをセキュリティバンクのＡＴＭ（全国４５０カ所）に入力するだけで海外などからの送金が現金として受け取れます。

フィリピンのサンマテオ市はキャッシュレス社会の実現に向けて仮想通貨Ｅペソ使用令を公布（２０１５年11月）しました。そして12月より実施されました。

これは自治体や企業の取り引きに電子マネーＥペソを強制使用させるものです。同市では市の調達品の決済は無論、将来は職員の給与もＥペソで支払われます。そして市民には同時にソーシャル番号が住民や企業に配布されました。そしてＩＣカードやスマートフォンなどのＮＦＣチップにより、お店のポス端末で支払うことができます。

そして全ての取引はデータベース化されます。サンマテオ市はこれでリスクを避け、社会を効率化し、汚職を撲滅したいと思っています。サンマテオ市は仮想通貨を物理店舗でも本格活用する計画です。またマスターカードと組んでＥペソマスターカードが発行されています。

面白いのはEペソの更なる普及を促すため2016年第3四半期からEチャットと呼ばれるEペソ専用のモバイルメッセージサービスを導入した点でしょう。

Eチャットを使えば中国ウィーチャットやフェイスブックメッセンジャーと同様にメッセージの送受信のタイミングで送金や送金の受領ができるようになります。写真やボイスメッセージと共に送金することが可能となったわけです。

Eチャットの利用者数は現在、数千人ですが、彼らの間で会話をしながらの送金が可能となりました。

■北欧の試み——キャッシュレス社会へ

これまでキャッシュレス社会への動向を新興国におけるアンバンク状態（銀行サービスの未発達状態）と先行するモバイルネットワークの普及がもたらしたサーバー型電子マネーの動き、先進国におけるアンバンク（銀行口座維持費が支払えない状況）とアンダーバンク（クレジットカードが持てない状況）を背景としたサーバー型電子マネーの台頭として述べてきました。

しかし北欧では様子が少し異なります。まずモバイルへの移行は銀行主体で銀行口座用の送金や支払いアプリがデビットカードの発展形として開発されています。そしてサーバー型電子マネーの活用なしに、従来型のクレジットカードもエムポス方式（モバイルポス方式）で上手に活用しながらキャッシュレス社会への移行が本格化しています。これはクレジットカードやデビットカード主体で、サーバー型電子マネーに頼らなくてもモバイル決済、モバイルバンキング移行が可能であるという証拠です。

もしかすると北欧ではアップルペイもアンドロイドペイもアリペイのようなサーバー型電子マネーも跳ね返されるかもしれません。この点は注目です。

既存のクレジットカードの普及がスムーズに進み、同時に銀行が銀行口座を対象にデビットカードを提供する、スタートアップ企業並みに使いやすいモバイル決済・送金用アプリを銀行が開発し消費者が積極利用した結果、北欧では実際にキャッシュレス社会が近づいています。

欧州で高速インターネットの普及が最も先行した北欧諸国（スウェーデン、デンマーク、ノルウェー、アイスランド、ユーロ圏のフィンランド）ではキャッシュレス社会が目前に迫っています。

例えば、ノルウェーは信じられないことに、現金での取引はたった5％に過ぎません。

北欧は各国ともクレジットカードの利用率が高い上、スマートフォンによる送金などのモバイルバンキングに各銀行が逸早く取り組んだ成果です。

その結果、世界で初めてフィンテックの主導権を銀行が握りました。北欧は銀行主導で現金に対する窃盗や偽札リスクを避け、キャッシュレスによる社会の効率化を目指して世界の先端を行っています。

確かに考えてみれば現在の銀行が自ら積極的にモバイルバンキングを進め、モバイルアプリによるクレジットカード利用や電話番号による口座送金が進めば、必ずしもアップルペイなど登場しなくても自然に現金は無くなっていきます。

サーバー型電子マネーや仮想通貨を特別なものではなく、単なるお金のサービスとしてみれば、北欧ではそれを銀行が実現し、成果を上げたということでしょう。

1）銀行主導でキャッシュレス社会を目指すスウェーデン

さてまずGDPに対する現金（コイン、紙幣）発行残比率ですが、EU10%、米国7・7%に対しスウェーデンは2%とキャッシュレス社会率が際立って高い点が挙げられます。例えばEUはイタリア、ドイツ、ギリシャが現金を好む為、フィンランドも消費の現金比率が低くてもユーロを利用している限り、キャッシュレス社会には近づけないという悩みがあります。

次に消費財の決済における現金比率を見てみましょう。

全世界の平均が75%であるのに対してスウェーデンはわずか20%です。（出所　ユーロモニター・インターナショナル）

またスウェーデンの銀行の手持ち現金（コイン、紙幣）の総額は2010年870億クローネから2014年360億クローネ（出所国際決済銀行）へと減少しています。銀行統一モバイルアプリの「スイッシュ」は人口950万人中500万人が使っています。

驚くべきことはスウェーデンの主要銀行（スカンジナビア・エンスキルダ銀行、スウェド銀行、ノルデア銀行など）では、過半数の支店で既に現金（法定通貨です）の取り扱いを停止しているということです。

また地方を中心にＡＴＭはどんどん撤去が始まっています。ＩｏＴ時代の話ではスマートフォンの普及により街の電話ボックスが消えたという話がたびたび出てきますが、北欧ではフィンテックにより、銀行のＡＴＭが消え始めました。

またスウェーデンでは２０２０年代中頃から２０３０年代中頃には実際に現金の流通は消えると予測され始めています。

実際のところスウェーデンでは屋台もニューススタンドも教会の献金も、美術館もクレジットカードのモバイルカードリーダー支払やスマートフォン・アプリによる支払が可能になっています。教会の献金における現金比率は15％です。少し前、日本の海外旅行添乗員には「スウェーデンではトイレが小銭では使えずクレジットカードが必要だから対策を打て」という指令が出ました。

米国のスクエアがスマートフォンに付加装置をつけてエムポス端末を発明した話をすでに書きましたが、スウェーデンでは「アイ・ゼットル」と呼ばれるスマートフォンカードリーダーを使ってクレジットカードで支払う（モバイルポス方式）か、銀行業界統一のモバイルアプリ「スイッシュ」で支払うか（仮想デビットカードによる銀行振り込み）という二者択一での支払いを迫られます。

既に地下鉄の切符は現金で買うことはできません。日本でいえばＳｕｉｃａがないとＪＲ東の切符が買えないと想像していただければ、スウェーデンの凄さがわかると思います。ただし、大手のスーパーマーケットなど従来型ポス端末を置いているところでは、ＮＦＣチップによる決済方式のアップルペイやアンドロイドペイが一定程度、食い込む余地があるかもしれません。

２）スウェーデンと競い合うデンマーク

さて北欧でスウェーデン、ノルウェーと並んでキャッシュレス社会を目指すのはデンマークです。実際、１９９５年にはデンマーク市民の80％が現金で買い物をしていました。ところが２０１５年には市民の買い物のたった25％しか現金で支払わないほどキャッシュレス社会に向かって進んできました。（出所　ペイメントウィーク）

この状況を踏まえてデンマーク政府は「２０３０年までにキャッシュレス社会を実現する」と宣言しています。

また２０１６年末、デンマーク中央銀行は現金の発行を中止しました。今後、現金を製造する必要があればアウトソーシングで実施します。さて既にスウェーデンでは小売店が現金の受け取りを拒否する権限を持っていますが、デンマークでも同様の立法が通過しています。クレジットカードに加え、国民の30％がアプリ支払（銀行口座からの引き落とし払い）を選択しているためです。

例えばドラッグストアチェーン店の「マタス」での買い物はスマートフォン上でバーコードのスキャン（ＱＲコードスキャン、エムポス方式）により実施されます。（２０１５年導入）

銀行提供アプリ（ダンスケ銀行のモバイルアプリ）は学生間や知り合い同志の割勘清算も携帯電話番号指定送金アプリで実施できます。アプリにより決済や仲間内での送金が手軽にできます。またダンスケ銀行の利用者でなくても他行口座からでも手軽に利用出来るため、大人気です。

実際、２０１４年11月現在、１８０万人が利用しています。（なお、デンマークの人口は約５６０万人）

スマートフォンだけではなく、スマートウォッチでも活用できるダンスケ銀行のアプリは、ダンスケ銀行とフィンテック企業トリフォーク、インツーメディアが共同開発しています。

■アップルペイもサーバー型電子マネーも仮想通貨もいらない

北欧の例はいったい何を意味するのでしょうか。

確かに米国のスクエアが実施したような「手軽なクレジットカードの読み取りと銀行送金が手軽に使えるモバイル化の組み合わせ」であるエムポス方式（モバイルポス方式によるインターネット決済方式）が普及すれば、アップルペイもサーバー型電子マネーも仮想通貨も必要ありません。

また北欧のような形で銀行が効率化されれば、送金手数料もサーバー型電子マネー並みにさがります。

日本では「何か構えたような仮想通貨の議論」「サーバー型電子マネーは前払い式支払い手段であり、お金とは違う」といった議論が主流ですが、アメリカや北欧ではたまたま銀行が寡占状態に胡坐をかいて効率化をさぼっているからスタートアップ企業がお金を取り扱っているに過ぎないという見方が主流です。

そうなればそもそも北欧のように銀行がモバイルを利用した効率化を進め、消費者がキャッシュレス社会を理解していれば、アップルペイ、サーバー型電子マネーや仮想通貨の議論は不要だったのかもしれません。（ただし、ブロックチェーン方式による効率化の議論は別途あります）

日本でＳｕｉｃａをサーバー型電子マネー化したアップルペイもアンドロイドペイも中国に続いて北欧でも流行らない可能性が危惧されます。

■スウェーデンは仮想通貨移行の準備に入った

２０１６年11月の英国フィナンシャルタイムスの記事が世界で波紋を呼びました。スウェーデンの中央銀行であるリクス銀行が2年以内に仮想通貨Ｅクローネを発行する最終検討段階に入ったという内容です。早速調査してみましたが事実でした。これは先進国初の中央銀行による仮想通貨への移行です。

様々な方式を検討するとありますが、ブロックチェーン方式の検討が中心課題の一つです。ただし、高齢者や貧困層など社会的弱者に配慮して当面は現金もゼロにはせず、共存を図ります。世界一のクレジットカード利用国であり、世界初のお札を発行したスウェーデン・リクスバンクがフィンテック、ＩｏＴの先端を行きます。

■北欧と日米の中間、オーストラリアのキャッシュレス化

さて、あまりにも見事な北欧の事例の次にＴＰＰ参加予定の豪州の例を見てみましょう。

豪州のウエストパック銀行は２０２７年までに豪州はキャッシュレス社会に変貌するというレポートを出しています。市場調査企業のコルマーバートンの調査では、２００７年にはショッピングの69％が現金でした。しかし２０１３年には47％まで下がり、その後毎年５％の勢いで現金の利用率が低下しています。（豪州決済協会調査）

実際、豪州ではウエストパック銀行などのアンドロイド用モバイル・アプリ（決済や送金用）が普及し始めています。そして人々は昼食やコーヒーのテイクアウトはモバイルアプリを使い始めています。

その結果、豪州も北欧と同じ道を銀行業界が少しずつ歩み始めています。

さて２０１５年８月、首都シドニーでキャッシュレス実験が行われました。シドニ

ーのチッペンデール、ケンジントン街が始めたキャッシュレスの支払い実験が大人気でした。

「現金は受け付けません、スマートフォンのアプリかカードで払ってください」という標語で始まったキャッシュレス社会実験は大成功であり、豪州は光のスピードでお金のない社会というSF映画を現実化しようとしています。

後で述べますが豪州では銀行はモバイルバンキングでアップルペイと互角の勝負をしており、北欧、中国と米国との中間にある国として注目されます。

■米国「ペイパル」と「フェイスブック・メッセンジャー」の提携

米国のサーバー型電子マネー「ペイパル」やペイパルが買収したスマートフォン送金・決済の「ベンモ」に関しては既に何度も説明済みですが、ここではペイパルの「フェイスブック・メッセンジャー」との提携に関して説明しましょう。

既に中国のウィーチャットペイやアリペイ、日本のＬＩＮＥペイのケースでも明らかですが、モバイル決済においてはメッセージサービスとの一体化が非常に重要になります。そこでペイパルとフェイスブック・メッセンジャーは提携し、２０１６年末、フェイスブック・メッセンジャーのチャットボットショップ上での決済にペイパルが利用可能となりました。

チャットボットショップというには人工知能（ＡＩ）を活用したＥＣショップ（ネット通販）であり、人工知能と会話しながら購買ができる、今注目されているサービスです。まずは米国でのサービス開始になりますが、早晩、全世界に拡大します。

フェイスブック・メッセンジャーというのは元々、ソーシャルネットワーキング・サービス「フェイスブック」の一部でした。しかしスマートフォンの時代になって様々なメッセージサービスが台頭し、フェイスブックから独立した経緯があります。

フェイスブック・メッセンジャーの現在のＣＥＯであるデイビッド・マーカスさんは元ペイパルの社長です。

また彼は「フェイスブック・メッセンジャーは直接、金融ビジネスには出ない」と言っているので、ペイパルにとっては非常に組みやすい相手です。

一方、利用者が全世界で１・９２億人しかいないペイパルにとっては、フェイスブック・メッセンジャーと組むことは大変な出来事です。何故ならばフェイスブック・

メッセンジャーに参加する10億人を対象にペイパルの利用を呼び掛けることができるからです。

ライバルのメッセージサービス、スナップチャットとスクエアキャッシュが連携した事も両社提携の理由の一つです。

ただし、フェイスブック・メッセンジャーはカード会社のデビットカードやクレジットカードおよびプリペイドカードも活用すると言っています。

■米サーバー型電子マネー「スクエア」は「スナップチャット」と

既にフィンテック企業のスクエアに関しては説明済みですが、サンフランシスコに誕生した同社は2010年に屋台のためにスマートフォンをポス端末としてクレジットカードを読みとるスクエア・レジスターと呼ばれるサービス（モバイルポス方式の発明企業）を開始しています。

そしてスクエアウォレットというクレジットカードを登録しておけば「小売店において顔パスで決済ができる」サービスを開始しました。これは、当時は画期的なサービスでした。

消費者のスマートフォン上のクレジットカードとお店の決済端末アイパッドが連携して、お店側に顧客の顔写真とクレジットカード、取引履歴などを表示できるからです。

このサービスをスターバックスが導入しました。そしてスターバックスのＣＥＯであるハワード・シュルツ氏がスクエアの役員に就任し、２５００万ドルを出資ました。

しかし結論から申し上げれば、この提携は失敗に終わりました。スターバックス自身も様々なカード（自家製のサーバー型電子マネーのスターバックスカードを含む）を出しています。スターバックスの高い要求水準をスクエアは満たせませんでした。スターバックスカードのスマートフォン・アプリは米国で約1千万人（毎週5百万取引回数）が利用しており、実際問題、そちらの方が利用者には魅力的だったのです。

さてスターバックスとの提携に失敗したスクエアですが、失敗後の２０１４年にはスクエアキャッシュという送金サービス（一種の為替取引）を立ち上げ、２０１６年2月にはスクエアキャッシュの口座残高の保持を可能とし、スマートフォンを対象にサーバー型電子マネーに進出しました。

スクエアはEC市場（ネット通販）に狙いをつけ、ペイパルのライバルとなる道を選びました。また9月にはVISAと組んでスマートフォン上の仮想VISAプリペイドカードのサービスを開始しました。VISAカードが使える店舗であればどこでもスクエアキャッシュで決済が可能です。

その結果、アマゾンなどでもVISAカードサービスの一環としてスクエアキャッシュで決済ができるようになりました。

しかしウィーチャットペイやベンモの例でも明らかなようにスマートフォンでのアプリサービスが成功するためには、メッセージサービスとの連携が必須です。

そこでスクエアには願ってもないチャンスが訪れました。米国における新興のメッセージサービスであるスナップチャットが提携を申し込んできたのです。スナップチャットはミレニアル世代に大人気の「消えるメッセージサービス」であり、北米を中心に2016年6月現在、約1・5億人が利用しています。

そして2014年11月、スクエアはスクエアキャッシュのサービスをスナップチャット用にアレンジしたスナップキャッシュを出しました。スナップキャッシュの使い方は非常にシンプルです。

送金相手に送りたい金額（例えば10ドル）と入力します。すると送信ボタンが緑に代わってそれをタップすると送金相手に「10ドルの送金が来ました」というメッセージが送られます。送金相手が承認ボタンにタッチすると入金が終わります。

こうして米国のサーバー型電子マネー各社はメッセージサービスとの関係を強めています。仮にアップルペイが送金サービスを開始すれば、メッセージサービスには自社の「アイメッセージ」を使うでしょう。

■クロスボーダー送金で収益を稼ぐ米「サークル」

仮想通貨のビットコインを活用したり、ビットコインの経験を生かして送金・決済分野に進出している米国企業に「サークル」があります。

「オープンなインターネットにおける送金や決済のようなお金の取り扱いは、音楽、写真や電子書籍などのネットでの取り扱いと同等であるべきだ」と主張する「サークル」は「ＩｏＴ時代のサービスにお金の取り扱いを適用させる」と聞こえます。これはＩｏＴ時代に議論されている「モノ支配論理」から「サービス支配論理」への転換を意味しています。

電子書籍が紙からサーバー上でストリーミングされる電子書籍になり、音楽ＣＤや映画のＤＶＤも「モノの販売」からストリーミングされる「サービスの販売」に変化している時代にお金を適応させようという哲学です。テレビのデジタル化にあたって、モノとしてのテレビに拘った日本の家電メーカーが大敗し、勝ったのは「サービス支配論理」を押し出したアップルやグーグルだったのは既に昔語りです。

しかしその波が金融業界では「お金」に訪れているとサークルは主張しています。サークルはサーバー型電子マネーとして独自の口座や残高は持ちません。従って為替取引（異なる銀行口座間の送金業務の請負）が一つの中心です。ただし、個人間の送金手数料は無料です。

同社のサービスの一つはソーシャルペイメントと呼ばれる送金サービスであり、２０１６年9月にはアップルがアイフォンでサービスしているメッセージサービス、アイメッセージ（アップル独自のメッセージサービス）上で「サークル送金サービス」を始めました。そして利用者はデビットカードの登録により銀行口座を自動登録します。そして対象通貨にはドル、ポンド、ユーロの他に仮想通貨のビットコインもあり

（ドル、ポンド、ユーロ以外の通貨は自動的に取引所でビットコインに転換され、送られます）、ビットコインウォレットで受領することができます。

また受領側はアンドロイドフォン上のアプリでも可能です。アップルはサークルと組むことにより中国のウィーチャットのような形にアイメッセージを変えたいのだと思われます。

さてサークルが稼いでいるのはビットコインを仲介したクロスボーダー送金（越境送金）であり、通常、最低でも３～４％の送金手数料が取られる国際銀行間に比べて、圧倒的に安い０・２５％の手数料でサービスしています。

送金サービスの英国トランスファーワイズが１～２％の手数料を徴収するのに比較して、サークルは仮想通貨のビットコインを経由することで更に安く抑えています。

同じアイメッセージの中でサービスを開始するライバルのスクエアキャッシュは国内送金だけしか対応できませんが、サークルはクロスボーダー送金（越境送金）で収益を稼ぎます。

第4章　越境ECで注目される
サーバー型電子マネー

FIN
TECH

■中小企業に生き残りの道──越境EC

さてご存知のように昨今の日本は経済の実質成長率が0・4%台であり、先進国と比較しても低く、アベノミクスのアキレス腱とみられています。

そこで経済産業省、中小企業庁は2016年から中小企業の越境EC（ネット通販）に注力し、TPP（アジア太平洋戦略的経済連携協定、環太平洋パートナーシップ協定とも言う）参加予定諸国を対象に越境EC補助金を出し始めています。

これは中小企業越境ECマーケティング支援事業と呼ばれています。補助金事業を担当する中小企業基盤整備機構のホームページには「新たに越境ECサイトを出店又は構築する者に対して、その出店又は構築等に要する経費の一部を補助することにより、海外への販路開拓を促し、我が国経済の活性化を図る」と書かれています。

既に2016年には2回の補助金申請の募集が行われ、約100社が選ばれると言われています。経済産業省はこの動きを一過性とは考えておらず、早晩、TPPが批准されることを前提に、2020年までに約1万社を越境ECに参加させる予定だと言われています。残念ながら米国トランプ大統領の登場によりTPP発行は当面見込めませんが、それに代わりＲＣＥＰ（東アジア地域包括的経済連携）などが期待されます。

自由貿易協定議論が進む中、国内の経済が停滞している時代に中小企業にとって打って出るべきは海外であり、その手っ取り早いやり方が越境ＥＣだという認識が高まっています。

ＴＰＰが消えても２０２０年に行われる東京オリンピックの効果で海外からの観光客の増加、その結果としての越境ＥＣの増大も期待できます。

また既に述べた中国観光客の爆買いの影響もあり、中国への越境ＥＣでは海外企業の商品用に天猫国際やジェーディワールドワイドが立ち上がり、盛んに国内の大手小売り企業や大手メーカーが進出しています。

２０１６年の後半からは日本勢の越境ＥＣ進出は勢いを増しています。そして化粧品や靴、家具、健康食品、健康器具、食品、家電などが販売されています。それをサポートする出店代行会社の数もうなぎ上りに増加しており、インターネットで検索すればいっぱい出てきます。

さて国内のＥＣでは、代引きやコンビニ払いを除いてはクレジットカードが使われています。

実際、代引きの場合、ヤマト運輸などがクレジットカードなどの決済代行企業として（ただし、多くの場合、現金との引き換え）、様々なクレジットカード払いに対処しています。しかし今後サーバー型電マネーが普及すれば、代引きでもアップルペイやアンドロイドペイなどで支払うことになるでしょう。そうなればサーバー型電子マネーによる決済も次第に伸びます。

正社員の数や割合が減る中、カードが持てない層も増えており、また明らかにモバイル決済は効率的です。同じことはコンビニでの代行収納（コンビニ払い）にも当てはまります。すでにスマートフォン同士でお店の決済をしている国が海外にあるのに、いつまでも現金決済に固執していているようでは、経済自体がいずれ衰退していくことにもなりかねません。

しかし海外消費者を対象とした越境ＥＣ、なかでも新興国の消費者が増えていくとなると、否応なくサーバー型電子マネーに対応せざるをえなくなり、その利用が次第に増えていくのは間違いない流れと考えられます。

■簡単に導入できない越境ＥＣ

一方で、国内の企業の中には、国内ＥＣ市場の経験があれば簡単に越境ＥＣに進出できると考えている向きも少なからずあります。

しかし実際は「越境ＥＣとは貿易」なので、国内販売とはかなり勝手が違っています。

まず中国のケースを見てみましょう。

越境ＥＣには、①中国国内の国際モールに出店するやり方②中国国内に自社独自の販売サイトを立ち上げるやり方③日本国内に販売サイトを立ち上げて中国顧客を呼び込むやり方――が考えられます。

しかし中国の場合、様々な規制があり、中国の国内に自社独自の販売サイトを立ち上げる②のケースは非常に困難です。②の場合、中国国内で営利ＩＣＰライセンスを取得する必要があり、これが非常に大変です。中国内に販売拠点を持つ大手企業でなければ不可能と考えられます。（それでもコーチなどの米国企業の一部が挑んでいます）

そして中国のEC取り引きでは、ほとんどの消費者がアリババの天猫のようなモールに集まって比較購買を行います。自社の販売サイトを立ち上げても消費者を集めるのは非常に困難です。

また③の国内に販売サイトを立ち上げるやり方の場合、「中国ではグーグル検索が禁止」なのでなかなか自社のサイトに呼び込むことができません。

そこで日本で推奨されている手法は、①の中国の天猫国際などに出店するとともに中国市場に詳しい代行会社に販売や決済、物流を委託するという方法です。

余談ですがこのような中国のEC市場の現状に怒り、敢然と中国内の自社販売サイトを立ち上げたのが米国のコーチです。

２０１６年９月、同社はアリババの天猫国際を毅然として脱退し、中国内で自社販売サイトの立ち上げを宣言しました。その理由は天猫国際にも偽物がいっぱい売られており、取り締まりが不十分だという主張にあります。

中国のEC市場はアリババのタオバオのような個人間取引市場（C２C市場）が長らくリードしてきたこともあって模造品や偽物が結構、出回っています。それを避けるため、中国人がとったのが①企業が販売主体のB２Cの天猫のようなサイトで購入する②日本など海外からのまともな日常品を消費する（いわゆる爆買い関連）というやり方でした。

そして現在では解決法は①の国際モールに出店するやり方になっています。

しかし米国の高級革製品企業コーチなどから見て、天猫国際でも偽物管理は不十分ということのようです。天猫国際決済の８割以上はアリペイです。

さてＴＰＰ諸国の内、東南アジアで台頭する中間層が今後の越境ＥＣの対象顧客となります。その場合の問題やその解決策は何でしょうか。

まずマーケティングですが、現状ではアマゾンかeBayに出品してそこで顧客をつかみ自社独自のサイトに誘導するという手法が推奨されています。ただし、アマゾンの場合には現地の銀行口座や現地法人の設立が求められるため、ペイオニアのような代行会社にそれを依頼する必要があります。

また物流に関しては一昔前と異なり、日本郵便のＥＭＳやヤマト運輸のサービス、フェデックスなどが充実してきました。

一方、販売の為には英語など現地語の表示が必要です。また最低でも英語での問い合わせ応答が必須となります。このための消費者サポートが存外大変です。また決済は既に述べたように決済手段はクレジットカードだけでは足りません。クレジットカードによっては国内利用限定のものもあるからです。

現在では多くの場合、サーバー型電子マネーのペイパルで対処しています。（クレジットカードでペイパルに円で支払ってもらい、ペイパル経由で代金を入手する方式）場合によっては、外国為替の円転換の対応もあります。

そして東南アジアでは必ずしもクレジットカードがまだ普及していない現状を見れば、今後は地場のサーバー型電子マネーへの対応が次第に必須になると思われます。

どのサーバー型電子マネーが主流になるかわかりませんが、ペイパルに加えて少なくとも中国のアリペイ、ウィーチャットペイや日本のＬＩＮＥペイなどは、越境ＥＣの必須決済サービスになるでしょう。これに当然、アップルペイやアンドロイドペイが加わります。

■越境ＥＣへの近道は？

さて越境ＥＣ（ネット通販）では、初期の顧客を掴むため、既に実績のあるeBay

やアマゾンに出店し、そこで現地の消費者を獲得後、自社の運営する販売サイトに誘導するのが良いといわれています。（越境ＥＣ、中小企業基盤整備機構、越境ＥＣコンサルタント山田彰彦氏、株式会社ジェイグラブ社長講演）

また消費者はスマートフォンやタブレットから購買するため、メッセージサービスでの口コミ宣伝は必須です。

中小機構が一応推していると言われているeBayとマジェント（ＥＣ用のクラウドサービス、自社用の販売サイトを立ち上げることができるサービス）の組み合わせの場合には、決済にサーバー型電子マネーのペイパルが使えます。

しかしナイジェリアやケニアで消費者同士の販売サイトとなっているeBayでは現地のサーバー型電子マネーであるエムペサ（ケニア）やパガ（ナイジェリア）での決済が始まっているように、今後は様々な現地のサーバー型電子マネーが使われる時代が来るでしょう。（第3章参照）

またスマートフォンやタブレットの利用が多い東南アジアの中間層の場合には、当然、メッセージアプリとの連携も必須となります。

そうなれば東南アジアに進出している中国のアリペイやウィーチャットペイ、日本のＬＩＮＥペイは有利なわけです。米国との取引ではフェイスブック・メッセンジャーなども使われるかもしれません。

さて国内には様々な決済代行会社があり、その中で先進的と思われるＧＭＯペイメントゲートウェイ、ソフトバンクカード、ベリトランス各社は競って国内の決済用にＬＩＮＥペイやアリペイ、ウィーチャットペイ、アップルペイなどを取り入れ始めました。

今後、国内でも越境ＥＣでも取引にクレジットカードしか使えないという販売サイトは半分くらい顧客を取り逃がす可能性が高くなると考えられます。何故ならば国内でもアップルペイの開始によるＳｕｉｃａのサーバー型電子マネーへの転換にみられるように、次第にサーバー型電子マネーの割合が増えると思われるからです。

また非正規社員の方々の割合が増え続ける現在、当然、クレジットカード保有者の割合は停滞すると予想されます。ましてや国内のクレジットカード利用率はショッピングの約14％と低い割合です。

しかし国内よりも、越境ＥＣの方が先にサーバー型電子マネー利用の波は台頭するでしょう。２０２０年の東京オリンピックを前に次第に日本への観光客（２０１６年は2千万人、２０２０年には倍増予測）は増加すると見られており、観光客の増加に従って彼らの帰国後に期待される越境ＥＣによる貿易量は増加するとみられています。

第5章　黒船電子マネーを巡るグローバルな動き

FIN TECH

■年間5倍増のアップルペイ利用者数

さて２０１４年10月に開始したアップルペイと２０１５年９月にサービスを開始したアンドロイドペイですが、先行する海外での評判はどうでしょうか。

まずアップルペイに関して述べてみたいと思います。

２０１６年の７－９月四半期での決算発表会においてアップルのティム・クックCEOは、２０１５年の７－９月期に比べて５００％もアップルペイ利用が増大したと発表しています。

確かに2年間で対象国は12か国にまで拡大しています。

またアイフォンが一番売れていた中国でも、アリペイなどに押され気味とはいえ、銀聯カードを利用する大型店舗でのポス型決済は、アップルペイの利用量増に貢献していると考えられます。過去、６か月でサービス対象国が増えていることもありますが、２０１６年９月からＷｅｂサイト上などで活用が始まったのも大きいようです。

またアップルペイは毎週、約百万人ずつ利用者を増やしています。米国での店舗におけるモバイルウォレットサービスの75％はアップルペイの利用です。アンドロイドペイやサムスンペイには圧倒的に勝っています。

ただし、アップルペイの現在の利用者数や利用頻度などは一切発表されていません。アップルペイは今後アジアでもキャッシュレス社会を目指して普及させる方向です。

■銀行と消費者の利害が書き換えた豪州での勢力図

豪州ではオーストラリア・コモンウエルス銀行など豪州の銀行業界との間で話し合いがつかず、アップルペイは銀行業界の協力を得られないまま、カードのアメックスだけの協力を得て、2015年11月サービスを開始しました。

当時、銀行は一行も参加しませんでした。

豪州銀行業界は支払い額が年間約20億ドルに上るとみられるアップルペイの手数料を支払いう気になれませんでした。一つには手数料の格差問題があります。米国の場合、100ドルの支払いにつきアップルは15セントの手数料をとっています。しかし米国ではクレジットカードの手数料は2・75%から3%も支払ってもらえるのに対して豪州では1・9%しか入手できません。豪州のクレジットカード手数料は米国の約半分に近い低さです。アップルペイの手数料は高すぎるというわけです。

また一方で豪州の銀行は銀行業務の効率化の意識が高く、約2年前から独自にスマートフォンによるアプリバンキングに精力的に取り組んでいました。オーストラリア・コモンウエルス銀行やウエストパック銀行がアプリを開発し、評判を呼んでいたのです。

結局、豪州ではオーストラリア・コモンウエルス銀行など豪州の銀行業界との間で話し合いがつかず、アップルペイは銀行業界の協力を得られないまま、2015年11月サービスを開始しました。

豪州の銀行の場合、「アップルペイよりも豪州銀行業界の方が進んでいる」という強い自負心があったのです。

一方カードの手数料を取らないアンドロイドペイに対しては、銀行業界は好意的で、ウエストパック銀行、オーストラリア・ニュージーランド銀行、マッコリー銀行、南オーストラリア銀行、メルボルン銀行など多くの銀行と2015年末、提携話がまと

まり、２０１６年上旬にスタートするという声明を出しました。（同時期にサムスンペイに対するサポートも表明）

アンドロイドペイは実際、２０１６年６月、シンガポールでの立ち上げに続いて7月に豪州でサービスが始まりました。そして豪州では一時、アンドロイドペイがアップルペイより有利になるという見方が強まりました。

ただし、プライドの高いオーストラリア・コモンウエルス銀行は自社のアプリに自信を持っており、アンドロイドペイもサムスンペイも支持していません。なお、サムスンペイは２０１６年６月、サービスが開始されています。

さて豪州のキャッシュレス社会への理解が深いのは銀行業界だけではありません。豪州の社会そのものがキャッシュレス社会に理解を示しています。

２０１６年3月、米国のスクエアも豪州に進出しています。スマートフォンに付加装置を付けてクレジットカードのポス端末に仕立て上げる小規模小売業や屋台向けのサービスです。（モバイルポス方式）しかし地元にはミントペイメントやトリオペイメントなどのライバルサービスが根を張っており、スマートフォンをポスレジに転換するモバイルポスのサービスは豪州に根づいています。またスクエアの知名度が高くないため苦戦を強いられています。

その上スクエアが来なくてもミントペイメントやトリオペイメントはアップルペイにもアンドロイドペイにも対応済みです。とりわけミントペイは既にスクエアの領分をしっかり押さえており、小規模小売業にも評判は良いようです。

実際、シドニーではチッパンデール地区のケンジントン通りで現金支払いお断りの実証実験まで行われており、豪州のキャッシュレス社会への意識の高さが示されています。米国、カナダ、英国、日本で順調に伸びているスクエアも苦戦を強いられています。

またサーバー型電子マネーではスクエアキャッシュのライバルであるペイパルが既に進出しています。

しかし豪州の銀行もアップルペイの進出と自行のアプリバンキングの成功の陰で大きな矛盾を抱え始めました。それは「独自の銀行アプリは（NFCチップ方式に拘る限り）アンドロイドOSにしか対応できない」という点です。

アンドロイド版のバンキング決済アプリは豪州の銀行独自版、アンドロイドペイ、サムスンペイと消費者に幾つかの選択肢があります。一方、豪州で41％のシェアを誇る人気のアイフォンには銀行業界が対応できないためアップルペイの採用かモバイルポス方式で銀行独自アプリを作るしか手はありません。

余談ですが米国、豪州、日本ではアイフォンの販売シェアが40％と非常に人気の高いのが特徴です。

アイフォンではアップルペイ以外は、大手量販店のポスサービスであるＮＦＣ決済方式に対応できないのです。

そこでアイフォンの利用者から「なぜ銀行はアップルペイを拒否するのか」という不満が高まってきました。その結果。２０１６年4月、第4位のオーストラリア・ニュージーランド銀行はアップルペイを採用し、自行が発行するＶＩＳＡカード、アメックスカードを対応させました。

そして9月にはマスターカードもアップルペイに対応させています。

その反響はものすごく、オーストラリア・ニュージーランド銀行の普通預金口座の所有者の20％がアップルペイの利用者に転じたと言われています。また同行は一時、銀行窓口がパニックになるほど他行から大幅に新規顧客を獲得しました。

米国のアップルペイ利用者の割合が、サービス開始2年後、アイフォン6の所有者の約23％であるのに対して、豪州でのアップルペイ人気は米国を上回っていると言えます。

明らかにアップルペイは豪州では先行する銀行アプリをとらえて成功したと言えます。銀行独自アプリはアンフォンのハードウェア仕様が公開されていないため、ＮＦＣ対応ができません。一方アンドロイドフォンは仕様が公開されており対応が可能でした。

一方、豪州の銀行業界はスマートフォン市場で人気のアイフォンを何時までも決済用のモバイルバンキングやモバイル決済サービスの蚊帳の外に置くことは無理と感じ始めています。

そこで豪州の消費者庁兼公正取引委員会（ＡＣＣＣ）に対して「アップルのハードウェアを開示してアンテナ部分を自由にコントロールできるよう、集団交渉をする許可」を願い出ています。確かにオープンシステムのアンドロイド・スマートフォンと異なり、アイフォンはオープンシステムではないため、店舗ポス決済用のＮＦＣ対応アプリなどはアップルの協力が無いとさしもの豪州銀行業界もアプリが開発できません。（ただし、モバイルポス方式などインターネット決済方式の場合は可能）

これは明らかに豪州ではアップルペイが優位に立ち始めている証拠として指摘できます。豪州では銀行業界はオープンシステムのアンドロイドペイやサムスンペイは敵ではないけれどもアップルペイには競り負けているという感じでしょうか。

ちなみに米国におけるアップルペイの利用率も少しずつ伸びています。

さて話は少し変わりますが、モバイルポス方式を選び、中国でアップルペイとの提携交渉を袖にしたアリペイが２０１６年末、豪州に進出し始めています。

既にアリババのジャック・マーＣＥＯは今後10年程度でアリババの売り上げの50％を海外で稼ぐと宣言しています。米国ではアマゾンやeBayとの戦いは避け、小規模なＥＣショッピング（ネット通販）に出るそうです。

豪州ではもっと本格的にＥＣショッピングを始める意向です。既に中国の海外企業向けＥＣモールの天猫国際には約１３００社の豪州企業が進出しています。中国観光客の豪州訪問をきっかけに豪州でもアリペイを国内で普及させることができるでしょうか。アップルペイに中国で競り勝ったとみられているアリペイの豪州進出は不気味です。

■世界金融の中心地・英国ロンドンでの動き

日本でのアップルペイ対応Ｓｕｉｃａ開発の参考にしたと思われる事例がロンドンの地下鉄にあります。そして英国のアップルペイは米国の汎用ソフトウェアを活用しているため、日本では対応していないアイフォン6やすべてのアップルウォッチでも使えます。

英国のアップルペイは２０１５年7月、25万店の小売業とアメックスカード、ナットウエスト銀行、アルスター銀行、ネーションワイド銀行、サンタンデール銀行、エムビーエヌエー銀行、スコットランド王立銀行など大手銀行の半分が連携してサービスを立ち上げました。

そして、ＨＳＢＣ銀行、ロイズ銀行などが数か月遅れで続きました。その後２０１６年4月にはバークレイ銀行が参加しています。

バークレイ銀行の参加が遅れた理由は豪州と同じであり、フィンテックに熱心な同行はビーペイと呼ばれるアップルペイのライバルとなるモバイルバンキングアプリを自社開発中だったからです。

むろん、ビーペイは決済にも使えます。そしてスマートフォンだけではなく、リストバンドなどからの支払いにも対応できます。ただし、バークレイ銀行のビーペイはアンドロイド版であり、ライバルはアンドロイドペイという判断が最終的に働きました。アップルはアイフォン仕様を公開しない為、自社アプリ開発で対応できない、それならば、敵と思わず組んだ方がましだと言う判断です。

２０１６年5月、大手銀行初の決済用モバイルバンキング・アプリ、ビーペイはサービスを開始しています。バークレイ銀行は残高確認など一般的なモバイルバンキングアプリには既に5百万人の利用者を獲得しており、将来、決済用のモバイルバンキングアプリにも同じレベルの利用者数を想定しています。

しかし全般的に見て英国銀行業界より豪州銀行業界の方が決済用のモバイルバンキングは進んでいます。

さてロンドンの地下鉄はオイスターカードと呼ばれるＳｕｉｃａによく似たＩＣカードベースの電子マネーを活用しています。このオイスターカードは香港のマストランジット（地下鉄）のオクトパスカードを参考にして開発されています。実は香港のオクトパスカードは日本のフェリカチップを活用しており、ＪＲ東日本のＳｕｉｃａ

に先駆けて立ち上がったサービスです。

一方、オイスターカードはフェリカではなくＮＦＣタイプＡ／Ｂと呼ばれる当時の国際標準の改札・決済チップを活用しています。

オイスターカードのアップルペイ移行に際しては、アップルウォレットと呼ばれるインターネット上のクラウドサービスにオイスターカードを登録することにより可能となりました。クレジットカードやデビットカードなども同様にアップルウォレット上に登録されます。Ｓｕｉｃａはこの方式を参考にしたわけです。

ただし、Ｓｕｉｃａと異なる点は改札時、改札前に指紋認証を行う点でしょう。オイスターカードは切符の役割と定期券の役割を併せ持っています。なお、オイスターカードはバスにも利用できます。オイスターカードには料金のキャップ制があり、一日の上限が６・４ポンド（約９００円）となっています。同じ日に地下鉄に３回、市バスに３回乗ったとしても６・４ポンド以上はかかりません。これは明らかに定期券の役割でしょう。

またある１区間の利用料金は２・３ポンド（約３００円）ですが、紙の切符を買って乗った場合、倍の値段になります。ロンドン市は明らかにキャッシュレス社会を志向していると考えられます。ロンドン市はアップルペイに熱心ですが、スーパーマーケットやマクドナルドなど小売業界もアップルペイの利用に意欲的です。

さてロンドンの地下鉄の話に戻りますが、Ｓｕｉｃａとはクレジットカードの取扱いが大きく異なります。ロンドンの地下鉄の場合には、クレジットカードがそのまま受け付けられ、決済できます。ＪＲ東日本など今後の日本の交通機関での対応のように一旦、電子マネーのＳｕｉｃａに転換する必要はありません。

アンドロイドペイは２０１６年５月に英国でサービスが開始されました。少なくとも８銀行の支援の下、マスターカードとＶＩＳＡカードに対応しています。むろんアップルペイと同様、地下鉄の改札処理にも対応できます。遅れてきたアンドロイドペイは２０１６年６月の最終木曜日には「アンドロイド支払日」というキャンペーンを張り、スターバックスなどと組んでアンドロイドペイを使った場合には特別割引を実施するなど巻き返しに躍起でした。

とにかくグーグルにとっては、英国はアンドロイドペイの初の海外展開ということで力が入ったようです。しかしアンドロイドペイの悩みは、アップルペイに加えて様々な銀行がアンドロイドのスマートフォンを対象にライバルとなる銀行独自の送金・決済アプリを立ち上げている点にあります。

一方、サムスンペイは2016年の年末までにサービスが開始される予定です。少し余談ですが何故サムスンはアンドロイドペイの推奨した自社スマートフォンの販売ではなく、独自の決済サービス、サムスンペイを開発したのでしょうか。

その背景には「アンドロイドに頼ればサービスビジネスをグーグルに持っていかれる」そして「アンドロイドの土俵で戦う限り、値段の安い中国勢とスマートフォンの差別化ができない」といった危機感があります。

例えばサムスンの最先端のスマートフォンであるギャラクシーノート7が2016年夏から秋にかけて発火事故を起こし、遂に生産中止と販売中止という前代未聞の事件がありました。その結果、サムスンは最大6440億円の損失を出したと言われています。

しかし、それ以上にサムスンが恐れているのは、同じアンドロイド製品ですから、中国製など乗り替え船のライバル製品が多数ある点です。そう考えればサムスンペイをわざわざ出した理由は、スマートフォンビジネスに参入障壁を作り、スマートフォンビジネスの首位の座を守りたいためだと理解できます。しかし今回の事故がサムスンペイはおろかサムスンのスマートフォンビジネスにもたらす否定的なイメージは決して小さくないでしょう。

■凌ぎを削る2つの方式

さて中国ではアリペイやウィーチャットペイが従来型ポス端末の進化形であるＮＦＣチップ方式ではなく、ＱＲコード読み取り方式（モバイルポス方式）により銀聯カードと組んだアップルペイに対して大きく押し気味に対抗しています。

面白いのは米国でも一部の銀行や小売業が同じようなＱＲコード読み取り方式（モバイルポス方式）を採用しアップルペイ、アンドロイドペイに対抗している点でしょう。ＮＦＣチップ方式はクレジットカード会社が考える最新の方式ですが、逆にＱＲコード方式（モバイルポス方式）は米国小売業が研究したスマートフォンによる決済方式です。

米国小売業連合（ＭＣＸ）は２０１５年末を目標にスマートフォン用の決済システムとして「カレントＣ」と呼ばれるＱＲコード決済方式を提案しました。

ＱＲコードをスマートフォンや店舗端末が読み取る方式であり、家電のベストバイ、スーパーのウォルマートやターゲット、ガソリンスタンドのシェル石油などの大手の小売業はすべからく参加していました。

「ＩｏＴ時代には商品に一品ずつタグ（ＩＣチップ）が付くと言われているのに今さら古いＱＲコードなのか」など散々批判されましたが、存外現実的なアプローチ法でもあったようです。

しかしアップルペイに続いてアンドロイドペイが発表される中、小売業の統一システムを目指したカレントＣのプロジェクトは実証実験が終了（オハイオ州コロンバスでのベータテスト終了）した２０１６年６月をもってプロジェクトを終焉しました。その理由はウォルマートやターゲットなど各社がカレントＣの技術を使って勝手に自社のスマートフォン用独自決済アプリを作り上げたためです。

またベストバイなどはアップルペイやサムスンペイに移っていきました。

しかしその中で一社気を吐いているのはＪＰモルガン・チェース銀行です。米国小売業連合（ＭＣＸ）のカレントＣプロジェクトに参加した同行は２０１５年10月にチェースペイ構想を発表し、世間をあっと言わせました。

確かにカレントＣのようなＱＲコードを読み取る方式（モバイルポス方式）ですからアイフォンにもアンドロイドフォンにも対応できます。ＮＦＣチップ決済方式に拘って消費者庁に泣きついている豪州銀行のようなみっともない真似は避けられます。なお、チェースペイはテスト段階で1年間に74億ドルを取り扱っています。

同行は全米の半分の世帯を抑えており、顧客約９４００万人分のカード情報を取り込むことを狙っています。なお、ＪＰモルガン・チェース銀行はアップルペイにも参加しています。

■米国19銀行が統一ブランドへ

さて今後、台風の目になるかもしれないのは、米国銀行業界の動きです。

すでに述べたように米国銀行業界19行は銀行間決済ネットワーク、「クリアーエクスチェンジ」というサービスを運営しています。

従来はリアルタイム、24時間、３６５日の銀行間の送金の仕組みでした。今回クリアーエクスチェンジは参加者を拡大し、一挙に一般消費者（生活者）の参加を求める

「Zelle（ゼレ）」ブランドによるモバイル個人間送金サービスを開始しました。狙いはペイパルおよびベンモなどサーバー型電子マネーへの対抗です。これにより小切手が不要となり携帯電話の番号指定やショートメッセージで送金ができます。

明らかにベンモやペイパルを意識しているのは若者に人気の「食事の割り勘清算」などを対象とすると発表している点です。そして今後は決済などの分野への拡大も発表されています。ベンモは49億ドルを年間処理しており、年間成長率は131％です。

19行の対象は1億人の銀行利用者です。そして米国の当座預金口座、普通預金口座の65％を抑えています。これはデビットカード・サービスの改善版と考えられます。

この動きには様々な意味があります。まずは銀行口座間で個人間の送金がフィンテック並みに安く簡単にできる点です。これは明らかにチェースペイの成功に動機づけられた動きです。そうなれば当然、次は決済への進出です。

銀行業界がこの手のサービスを開始すること自体、ペイパルやベンモのようなサーバー型電子マネー及びアップルペイやアンドロイドペイのようなスマートフォン決済の時代到来の宣伝になり、米国消費者の認識を大きく変える効果があります。ペイパル、ベンモにとっては大変な宣伝になり、一方で銀行業界とのフィンテック業者との競争が激化します。アップルペイやアンドロイドペイも伸びるでしょう。

アップルペイも対抗上、ゼレのような個人間送金サービの類似サービスを開始するかもしれません。一方チェースペイのような銀行独自のスマートフォン決済システムが米国19銀行統一のゼレブランドの下で多数、立ち上がる方向です。

一方、日本でもりそな銀行、横浜銀行や住信ＳＢＩネット銀行などが構築を検討する新送金システムのコンソーシアムが立ち上がり、三井住友信託銀行など38行が参加します。このサービスは銀行間送金ネットワークであり、全銀ネットでは不可能な３６５日稼働、24時間送金のサービスの実現を狙っています。ブロックチェーン方式を情報処理サービスに活用しているためコストを大幅に安くでき、２０１７年3月ごろの稼働を目指します。

米国のゼレの流れを参考にすれば、当然、消費者にも門戸を開き、スマートフォンによる個人間送金や決済を加えるかもしれません。

■アップルペイ、アンドロイドペイの普及の限界

既に述べましたがアップルペイ、アンドロイドペイ、サムスンペイは伝統的なポスシステムの延長上にあるＮＦＣチップ決済方式を使っています。

しかしこの方式は値段が高く、また先進国の確立された小売業に向いています。そのため中国のアリペイは非常に値段の安いモバイルポス方式を使っています。同様に北欧でもモバイルポス方式が流行っています。

筆者らはポスの端末値段がネックとなり、新興国などについては、確立された大手小売業以外では、ＮＦＣチップ決済方式がアプルペイ、アンドロイドペイの普及の足かせになるのではと危惧しています。

逆にフィンテックがこれから本格化する日本などがねらい目ということになります。

第6章 フィンテック法案の施行、大きく変わる国内の決済

■銀行法と資金決済法の改正論議

２０１６年５月国内においてはフィンテック法案が国会を通過し、１年以内に施行されます。

また金融財政審議会では継続的な銀行法や資金決済法の法改正議論が進んでいます。

本章ではフィンテック法案など法律改正の動きと課題及び様々な業界への影響を述べていきます。

■フィンテック法案の問題点

２０１６年5月に改正されたフィンテック法案は「銀行法と資金決済法」を軸に関連法が一括改正されました。

銀行法関連ではフィンテック関係のＩＴ企業の設立や買収、出資に関して銀行の出資規制（銀行本体は５％が上限、持ち株会社は15％が上限）が廃止され、１００％までの出資が可能となりました。

また銀行には決済関連事務の受託の容易化が決まり、明らかにサービス範囲が拡大しました。一方資金決済法の改正では「仮想通貨」が決済手段として追加されました。そして消費者保護の目的では、仮想通貨交換業に係る登録の制度を設けています。

これは明らかにビットコイン型の仮想通貨を意識したものですが、仮想通貨を投機目的ではなく、円との交換比率を１対１として発行した場合、サーバー型電子マネーとの差は全くありません。

またサーバー型電子マネーに関しても２０１４年11月のＬＩＮＥペイの登録申請時、為替取引と前払い式支払い手段の２つながらの登録を金融庁は認めました。そして強引に業務区分を実質撤廃したものの、必ずしも資金決済法との整合性はとれていません。

例えば資金決済法上の消費者保護規定では、為替取引が残高の１００％の供託、前払い式支払い手段の場合には残高の50％の供託を義務付けています。しかし二つの区分（為替取引と前払い式支払い手段）の登録により両者の区分を撤廃して運用されているサーバー型電子マネーの場合には明確ではありません。

また前払い式支払い手段業に関しては、出資法における預金との類似性を打ち消すため、原則、残高の銀行払い出しが禁止されています。

ＬＩＮＥペイ、ヤフー！マネー、ソフトバンクカードなどにおいては、資金決済業と前払い式支払い手段の並列区分登録により銀行払い出しが自由にできるとされています。しかしこれは少しおかしな話です。従って法律面からすっきりさせるためにも更なる資金決済法関連の改正による整備が必要です。

その点は金融庁も認識しており、２０１５年12月の「決済業務等の高度化に関するワーキング・グループ 報告（案）」では「金融・ＩＴ 融合の動きを背景に、規制領域をまたがる形で決済サービスが発達するとともに、異なる規制領域にある様々な決済手段が一体的に提供されつつある。こうした方向性で決済サービスが発展しつつある中で、規制が区々となっていることは、利用者利便の妨げとなったり、ビジネスの選択に歪みをもたらしていく可能性もある。」と述べており、例え後付けであっても法改正の必要性を唱えています。

また仮想通貨を円と1対1の固定交換レートとして決済目的で発行した場合、実質的にサーバー型電子マネーと同じことになりますが、供託金は必要ありません。これもおかしな話です。

そこで２０１６年７月には法改正を議論する「金融制度ワーキンググループ」が立ち上がり、「資金移動業に近接したプリペイドカードの取扱い」といった表現で議論が始まっています。

２０１０年の現行資金改正法の施行に当たっては、当時の野村総研の書籍がイメージしたような夢の決済の仕組み（後述）は登場せず、銀行業務の規制緩和による、為替取引からくる資金移動業と商品券やプリペイドカード類似の前払い式支払い手段の発行業務とは、「性格が異なる」として明確に区分し、規制されていました。

そのため個人間の無料送金を行っていたペイパルは「新法上の為替取引ビジネスに無料送金はありえない」と考えたためか、口座残高の保持も含め日本でのその手のサービスを一切やめてしまいました。この出来事は金融行政を極めて不人気にしました。口座に残高を持つ前払い式支払い手段の業務の場合には、銀行払い出しが原則、禁止されています。この点も大きな障害になったと考えられます。

それが中国のウィーチャットペイの春節、旧正月での爆発的な利用を背景とした２０１４年のＬＩＮＥペイの登録申請時、信じられないことに行政裁量により一挙に米国並みに自由化されました。

■消えるガラパゴス電子マネー

さてアップルペイによるＳｕｉｃａのサーバー型電子マネー化の影響は流通系電子マネー（特にガラパゴス型のＩＣ型電子マネー）に大きな影響を与えると予測されます。

楽天Ｅｄｙ、セブンアンドアイホールディングスのｎａｎａｃｏ、イオングループのＷＡＯＮなども早晩、サーバー型電子マネーへの移行を余儀なくされるでしょう。

楽天のＥｄｙは元来、ソニーが開始したガラパゴス電子マネーサービスであり、代引き対応などを想定して楽天がビジネスごと買い取った経緯があります。

アップルペイやアンドロイドペイが日本で普及すれば、サーバー型電子マネーでないと対応できなくなります。ＩｏＴ革命の時代にはＥｄｙのサーバー型電子マネー移行は必須になります。そこで楽天はアンドロイドペイと組みＥｄｙを移行したわけです。

またｎａｎａｃｏやＷＡＯＮは現状では旧式のＳｕｉｃａと同じでアップルペイ、アンドロイドペイには搭載できません。早晩、サーバー型電子マネーに変身を迫られます。重要な点は時にオフライン方式とかストアードバリューカードと呼ばれるガラパゴス電子マネーは、ＩｏＴ時代には紙やコインの紙幣と同様に時代遅れだという認識でしょう。

音楽や書籍の電子化、テレビ番組視聴のインターネット移行の時代にお金だけ古い方式というのは時代が許さなくなると思われます。

■激震が走るクレジットカード業界

アップルペイの登場に最も敏感なのがクレジットカード業界でした。

クレジット業界はアップルペイおよびアンドロイドペイ、それと連動したサーバー型電子マネーの台頭に大きな影響を受けようとしています。

まずクレジットカード中心の情報システムが再構築される必要があります。

これは大きな投資を必要とします。筆者らも様々なフィンテックのセミナーで講演しましたが、アップルペイやサーバー型電子マネーに関して最も関心を持って聞いていただけたのは、クレジットカード業界のＩＴ部門の方々でした。

またクレジットカードとサーバー型電子マネーの棲み分けと相互接続も大きな課題です。今後更に仮想通貨も絡んできます。新興国のサーバー型電子マネーは銀行サービス、クレジットカードサービスの未発達の間隙を縫って急成長しています。

一方、先進国のサーバー型電子マネーは、クレジットカードの持てないアンダーバンク顧客やアンバンク顧客に受け入れられています。余談ですがこういった層の拡大が米国の大統領選挙における共和党のドナルト・トランプ大統領候補や民主党内の選挙における「奨学金の無償化や格差社会の撲滅を提唱する」バーニー・サンダース候補の台頭の背景にあります。

日本の場合、クレジットカードの利用率は約14％と先進国の中で最も低い位置にあります。その理由は、生真面目な日本の消費者は月末にはきっちり全額返済をしている人が多いためです。欧米で多数を占めるリボ払い（残高の金利を支払う方式）が使われないためクレジットカード企業は稼げません。そのため、小売り店への決済手数料を上げざるを得ず（3―7％）、日本の中小小売店はクレジットカードを嫌がる傾向が目立っています。

月末にはきっちり支払うという日本の生真面目な消費者の態度がキャッシュレス社会への到来を妨げているというのは非常に大きな皮肉です。（一方お隣の韓国ではクレジットカードの利用率は50％を超えています）

では米国のクレジット会社はサーバー型電子マネーやアップルペイとの関係をどうみているのでしょうか。アップルペイやアンドロイドペイはＶＩＳＡ、マスターカード、アメックスなどと戦略的な提携を結んでいます。（なお、アンドロイドの場合には２０１６年10月、ＶＩＳＡとマスターカードとの間で米国では戦略提携を発表している）

またアンバンク消費者やアンダーバンク消費者を対象にＶＩＳＡ、マスターカード、アメックスなどは自社発行のサーバー型電子マネーであるリローダブルプリペイドカードを出しています。

米国のリローダブルプリペイドカードは消費者が預けた分だけ支払える仕組みなのでカードの与信審査なし、銀行口座と異なり毎月の高い口座維持費も不要、オーバードラフトチャージが不要、月額平均預り金の制限がない、信じられないことに給与振り込みが可能、送金も可能、ATMなどからの現金化も可能、銀行払い出しも可能、1％程度のポイントやキャッシュバックもつく、いつでもスマートフォンから残高確認が可能ということで人気が高まっています。ミレニアル世代の中にはリローダブルプリペイドカード口座を銀行口座代わりに利用する人も結構います。

さてカード会社にとって頭の痛いのは、スタートアップ企業などが多数を占めるサーバー型電子マネー専業との付き合い方でした。彼らは明らかにクレジットカードのライバルです。しかし提携先ともなりえます。

典型的な事例が米国のペイパルとVISAやマスターカードとの関係です。ペイパルはEC決済において「クレジットカードなどの個人情報をお店に渡さないプライバシー保護、セキュリテイ保護の手段」として多くの消費者に支持されてきました。

わかりやすく申し上げればペイパルにクレジットカードを登録しておき、決済の都度、わざわざペイパルを通して支払えば、クレジットカード情報がお店に渡らずに済むため、お店の社員がクレジットカードを悪用するのを防ぐことができます。

クレジットカード情報の悪用は日本でも大きな問題になっていますが、米国でアップルペイが支持される理由に「お店にクレジットカード情報が渡らない」点が挙げられるなど、米国では非常にセンシティブな問題になっています。

米国のサーバー型電子マネーの元祖ともいうべきペイパルは、従来、ＥＣ市場での決済を中心にビジネスを行ってきました。

さてクレジットカード会社とサーバー型電子マネーの雄であるペイパルは長年、対立する関係でした。

特にＶＩＳＡやマスターカードが問題にしたのは、ペイパルが消費者に決済で使うカードをクレジットカードではなく、銀行口座からの引き出しやデビットカードを奨めていた点でした。

米国のペイパルはサーバー型電子マネーの口座にお金を入金するにあたって少額の手数料をとっています。しかしペイパルは米国の銀行間ネットワークである全銀ネット（ＡＣＨ）に参加しているため、銀行間の送金手数料はかかりません。その結果、銀行口座からペイパルへの入金には消費者に手数料を課していません。一方クレジットカード会社からの入金には一定の手数料を課していました。

当然そうなればペイパルの１・８８億人の利用者の多くが銀行口座払いを優先し、クレジットカードを使わなくなりました。（実態は50％しかクレジットカードを利用していない、ＶＩＳＡのシェアはその半分でしかない）その結果、８割以上利用させたいクレジットカード会社は困ったわけです。そしてペイパルとＶＩＳＡやマスターカードとの対立は２０１６年夏頃、頂点に達していました。ＶＩＳＡカードの会長はさまざまなカンファレンスで公然と批判し、ペイパルを敵視していた程です。

２００８年のリーマンショック以来、銀行デビットカードが急速に伸びている中、クレジットカード会社にとってはクレジットカード離れの象徴としてペイパルの対応は頭痛の種になっていたのです。

ただし、忘れてはいけない点はペイパルの決済はＥＣ市場（ネット通販）が舞台であることです。

２０１６年夏のＶＩＳＡとペイパルの対立は頂点に達したかに見えましたが、両社は急転直下、和解しました。ＶＩＳＡはペイパルにＥＣ取引におけるクレジットカードに対する差別的取り扱いを中止してもらう代わりにＶＩＳＡのＩＣカードの支払い（物理店舗）の選択肢にペイパルを加えたのです。おかげでペイパルはこれまで中々出られなかった物理店舗決済にＶＩＳＡカードを通して一挙に進出することができました。またＶＩＳＡとペイパルの連携は一年間の独占契約でした。

収まらないのはＶＩＳＡのライバルのマスターカードです。マスターカードは早速、ＶＩＳＡとペイパルの独占契約の抜け道を探しました。彼らは物理店舗での買い物前にペイパルの残高をマスターカートのプリペイドカード口座に移行するアプリを開発しました。これなら問題はありません。

またＩＣカードは独占契約で活用できないため、スマートフォン上の仮想マスターカードを対象としてペイパルからの買い物処理を実現しました。これならマスターカードのアプリやアップルペイ、アンドロイドペイから物理店舗で買い物ができます。一旦、マスターカードのプリペイドカード口座に残高を移す手間がかかりますが、これならペイパルでも物理店舗で決済ができます。この提携によりマスターカードもペイパルのＥＣ取引決済処理における不利な取り扱いを免れることができるようになりました。

また２０１６年9月、ＶＩＳＡはペイパルのライバルであるスクエアに隠れた投資があることを明らかにし、同社のスクエアキャッシュとも連携しました。

具体的にはペイパルとの独占契約があるため、マスターカードと同じ方式を選んだのです。即ちＶＩＳＡはスマートフォン上の仮想ＶＩＳＡカード上でスクエアキャッシュを支払い選択肢の一つに加えています。スクエアキャッシュはペイパルやペイパルが買収したベンモと激しく競り合っています。

同じような提携は日本でも見られます。例えばJCBカードは2016年3月、LINEペイと提携してプリペイドカード用のJCBカードを発行しており、その結果、LINEペイは全世界3000万店舗で利用できるようになりました。

この提携の成果と思われるのは、LINEペイは、入金チャージができるチャージ専用口座を持てるジャパンネット銀行のラインブラウン支店、ラインコニー支店や、従来提携していたみずほ銀行、三井住友銀行、三菱東京UFJ銀行、りそな銀行、埼玉りそな銀行に加えて横浜銀行、滋賀銀行、伊予銀行、百五銀行、十六銀行へと提携先の銀行を拡大しています。この時にはポイントが2%も貰えると若者の間で騒ぎになりました。

また同様にKDDIのauウォレット（KDDIのサーバー型電子マネー）も提携マスターカードを使えば物理店舗での決済に使えます。（2014年開始）当然、2015年3月から開始したソフトバンクカードも同じような対応をしています。

VISAカードと提携し、国内・海外あわせて3800万店でお買い物できるプリペイドカードというたい文句です。

さてアップルペイやアンドロイドペイの登場前、既に戦闘準備を整えていた各社ですが、ａｕウォレットとソフトバンクカードはさっさとアップルペイに対応しています。モバイルポス方式の決済を採用しているＬＩＮＥペイも早晩、ＪＣＢと組んでアップルペイやアンドロイドペイに対応すると予想されます。

ある意味でサーバー型電子マネーのカード決済利用は、規模はともかく米国より日本の方が先行していたともいえます。

■小売業界は着々と対応

日本の流通業は手数料の高いクレジットカードを避けるためＩＣカード型の電子マネーを発行していました。その理由はクレジットカード手終料の削減です。国内流通業にとって頭が痛いのは、折角、２０１４年現在の利用回収が40億回まで増えた自社発行（セブン&アイグループやイオングループ、楽天グループ）の旧型電子マネーをアップルペイやアンドロイドペイによりお釈迦にされてしまう点でしょう。

そうなれば店舗では再びクレジットカードが支配的になり3―7％の高い手数料を支払うしかなくなってしまいます。アリペイなども日本に進出するかもしれません。

それが嫌ならサーバー型電子マネーをアップルペイに対応したＳｕｉｃａのように立ち上げる必要があります。アップルペイやアンドロイドペイの普及とともにセブン＆アイグループやイオングループ、楽天Ｅｄｙのアンドロイド対応に続き旧型の電子マネーをサーバー型電子マネーに早晩、移行せざるを得ないと考えられます。

さてセブン＆アイグループは、実はひっそりとサーバー型電子マネーの取り扱いを始めていました。元々セブン＆アイグループは、自社のｎａｎａｃｏ以外にＳｕｉｃａやＥｄｙなどの取り扱いも行っている開けた会社です。さて広島のスーパーマーケット、イズミは、サーバー型電子マネー「ゆめか」のカードを発行していました。２０１４年5月末の発行枚数は３８０万枚、月間利用回数は４００万件となっていました。そして２０１３年12月からセブンカードサービスとイズミは両社の電子マネー、ｎａｎａｃｏとゆめかの相互乗り入れを開始していました。

ガラパゴス電子マネーのｎａｎａｃｏとサーバー型電子マネーのゆめかの両立運用は非常にスムースに進んだと報告されています。これは明らかにセブンカードサービスが将来に備えてサーバー型電子マネーの実験的な活用を行っていたためと考えられます。言うなればセブン＆アイグループは何時でもサーバー型電子マネーに移行できる、そしてアップルペイにも対応できる能力を既に持っていると言えましょう。

なお、セブンイレブンはａｕウォレットも既に受け付けています。ましてやセブン＆アイグループはニッセンを買収するなどＥＣ市場に大きなプレゼンスを持っています。

そうなれば当然、物理店舗にしか対応できないガラパゴス電子マネーのｎａｎａｃｏのサーバー型電子マネー化などＳｕｉｃａへの後追い対応を急ぐ必要があります。ではセブン＆アイグループのライバルであるイオングループはどうでしょうか。イオングループはＥＣ（ネット通販）の取扱高が少ない点が特徴です。ＥＣで巻き返しを狙うイオンは２０１７年1月、イオンクレジットサービスが開発したアプリ、「イオンウォレット」を出しました。

ＮＦＣ決済対応のフェリカを使ったスマートフォンによる全国の８０００店舗が目標のようです（日経紙報道）。アップルペイやアンドロイドペイに対応する前に自社アプリ（当初はアンドロイドから開始）によるスマートフォン決済を開始しています。

注目すべきはアップルペイと同様、ＮＴＴドコモの電子マネー「ｉＤ（アイディ）」の読み取り端末に対応し、系列外の小売業においても決済できる点です。戦略としてまずはクレジットカードから対応し、その後ＷＡＯＮをサーバー型電子マネーに転換するのか、新しい電子マネーサービスをゆっくり立ち上げるのかもしれません。

■ＮＴＴドコモは「おサイフケータイ」を進化

２００８年アイフォンが上陸したときには通信キャリアの間で激しい争奪戦が繰り広げられました。また今回のアップルペイ上陸時にはＮＴＴドコモがＪＲ東日本と組んでＳｕｉｃａをアップルペイに対応させました。

なぜなら、それまでの「おサイフケータイ」は、時代遅れのガラパゴス電子マネーをそのままスマートフォンなどに移行した方式だったからです。

そこでおサイフケータイを主導し、モバイルによるＪＲ東日本のＳｕｉｃａ決済を主導したＮＴＴドコモは、アップルペイによるおサイフケータイの陳腐化に強い危機感を持ちアップルペイにＳｕｉｃａを対応させました。その結果、Ｓｕｉｃａはサーバー型電子マネーに生まれ変わったのです。

では通信キャリア各社の戦略を個別に見てみましょう。

1）NTTドコモの戦略

まずNTTドコモは複数のサーバー型電子マネーを持っています。それは「ドコモ口座」、「ちょコムeマネー」、更に「iD」の三種類があります。

アップルペイに関しては決済に際して必ずSuica、QUICペイまたはNTTドコモのiDの各サーバー型電子マネーを通すことが決まっているため、NTTドコモとしては非常によいポジションを確保しました。アップルペイの小売店普及に際してNTTドコモの電子マネーiDの契約が大幅に増え、全国津々浦々の様々な小売店と付き合うことが可能となりました。アップルペイの発表直後、電子マネーiDのネットCMが大幅に増えました。

さて問題は「ドコモ口座」や「ちょコムeマネー」などのiD以外の他のサーバー型電子マネーの取り扱いをどうするかが不明な点です。まず「ドコモ口座」はドコモがみずほ銀行の「銀行代理業」の許可を得て2009年から展開しているものです。(更

に２０１１年には、ＮＴＴドコモは資金移動業者として登録）

ネットバンキングによる銀行口座からの振り替えやコンビニで入金します。ＮＴＴドコモのユーザー間で、携帯電話番号で送金できるサービスとして開始されています。ただし対象はＮＴＴドコモのユーザーに限定されています。またドコモ口座はＶＩＳＡのプリペイド口座の機能を利用しています。みずほ銀行の代理店なので銀行口座への払い出しも可能です。カードに関してはスマートフォン用の仮想ＶＩＳＡプリペイドカードを発行しています。

また世界中のＶＩＳＡマークのあるＥＣショップ（ネットショップ）からショッピングができます。（ただし、物理店舗への対応はこれからです）

一方「ちょコムｅマネー」は、２０１０年、ＮＴＴスマートトレードがＮＴＴコミュニケーションズから電子マネーサービス「ちょコム」を承継し事業を開始しています。

いずれにしてもＮＴＴドコモの戦略は、今後どの電子マネーを中核に据えるかまだ迷っている感が強いです。

2）ＫＤＤＩ、沖縄セルラーのａｕウォレット

ＫＤＤＩもサーバー型電子マネーには積極的な企業です。２０１４年5月、ａｕウォレットのサービスが開始されました。実際、ａｕウォレットは、ＫＤＤＩとサーバー型電子マネーの「ウェブマネー」及びクレディセゾンの協業により可能となりました。

そしてマスターカードのサーバー型プリペイドカードの仕組み（マスターカードペイパスウォレット）を採用し、コンビニエンスストアやドラッグストア、レストラン、衣料品店、アミューズメントパークさらにＥＣショッピングを含めると既に世界の約３８００万店で使えます。むろん、マスターカードのクレジットカード版と連携したカードもあります。ａｕウォレットは物理店舗を中心にサービスしています。（無論、ＥＣ市場（ネット通販）でも使えます）

ポイントが電子マネー化可能な点などが特徴です。今後のアップルペイの日本上陸では、クレジットカードを含めいち早く、アップルペイに対応しました。

3）ソフトバンクとソフトバンクカード

ソフトバンクカードは2015年3月、ソフトバンク・ペイメント・サービスがソフトバンクモバイル、ワイジェイカード、Tポイント・ジャパンと提携し、開始したサーバー型電子マネーです。VISAカードと提携しているため、物理的なプリペイドカードカードが発行されます。

全世界の3800万店で利用ができます。LINEペイと同様、銀行口座への払い出しが可能です。一回の上限が10000円までの送金（月5回まで）の友達間送金も可能です。既にアップルペイへの対応も実施済みです。

市場では一般にauウォレットのソフトバンク版とみられています。

■メガバンクが仮想通貨発行へ、秒読み段階

日本の銀行業界も様々な動きをしています。

まず三菱東京UFJ銀行は、世界の銀行の約70銀行と共にブックチェーン研究のコンソーシアムであるR3コンソーシアムに参加し、2017年秋には決済用の「MUFGコイン」を発行すると発表しています。

仮想通貨のビットコインとの違いは、発行体が地銀や都市銀行ゆえ信用が高い、また1円＝1MUFGコインという固定レートでの発行なので、明らかにサーバー型電子マネーと同じ、決済目的と考えられます。（一方、ビットコインの用途はレート変動を利用した投機目的が主体）

フィンテック法案では仮想通貨は交換所に対して消費者保護目的の厳しい規制がかかります。一方サーバー型電子マネーのような供託金は求められていません。これはおかしな話です。

筆者らは金融庁が決済目的の仮想通貨に対してどのような新たな規制をかけてくるか注目しています。

さて同じような仮想通貨の実験的な発行はシティ銀行の「シティコイン」やスイスUBS銀行の「セトルメントコイン」などがあります（2018年開始予定）。いずれもブロックチェーン技術を活用しています。またセトルメントコインは、実物通貨と強く連動し、海外銀行間送金などのクリアリング目的で活用されるとみられています。

また国内の地方銀行などはマイナス金利で収益が低下しており、明らかに経営が相当苦しい状況にあります。

そこにサーバー型電子マネーやアップルペイなどのフィンテックが台頭し、更に収益基盤が奪われ始めています。そこで横浜銀行はGMOペイメントゲートウェイと組み、スマートフォンアプリの「はまペイ」を開発しています。

デビットカードの普及が遅れている国内の状況を見て、フィンテック法案の決済業務の拡大を背景に横浜銀行は「はまペイ」で決済業務を強化しています。願わくばカードビジネスをサーバー型電子マネーが奪い取る前に仮想デビットカード方式（はまペイ）で自らカードビジネスを置き換えようというしたたかな動きです。

一方、クレジットカード業界にとっては3―7%の決済手数料を銀行口座の振り込み手数料（50円から150円）で置き換えられますから、小売業界には魅力的であり、クレジット業界には手ごわい動きかもしれません。仮想通貨は山陰合同銀行の例を既に述べました。みずほ銀行はMUFGコイン対抗のみずほマネーを研究中です。

さて海外の銀行といえばマレーシア4位のRHB銀行などが非常に面白い動きをしています。仮想通貨の話ではありませんが、面白いので少しだけ述べます。

同行は2016年5月、「RHBナウ」と呼ばれるアプリを立ち上げ、他行あてになんとペイパル経由で電話番号や電子メールを利用しフェイスブック友人関係を利用した、銀行口座番号なしでの送金サービスを可能としました。銀行間の送金は通常、日本の全銀ネットなどと同様セキュリティの高い、銀行業界が開発したクリアリングサービスを使いますが、RHB銀行の場合にはその代わりにペイパルを使ったわけです。いかに早いとはいえ、天下の銀行が「他行あての送金にサーバー型電子マネーのネットワーク」を使うとは、ちょっと信じられません。実際これには筆者らも驚かされました。

また日本の三井住友フィナンシャルグループは、インドネシアの地場BTPN銀行に出資して、2015年3月にBTPNはマス層向けモバイルバンキング「BTPNワオ！」をインドネシア全土で開始しています。（将来の日本国内展開のための実証実験の面もあると考えられます）

2013年からBTPNはインドネシア政府、同国金融庁の支援を受けてパイロットプロジェクトを開始していました。BTPNはこの国家ノンキャッシュ運動プロジェクトに積極参加した銀行の一つです。これがケニアのエムペサのように人々の心に火をつけました。

「BTPN ワオ!」は身分証の・iDだけでモバイルで口座が開設でき、電話番号が口座番号になり、送金や決済に利用できる特別な口座を準備しています。残高制限がない、月次の口座維持管理料が不要、約3万の一般代理店の店頭で現金化が可能な点など通常の銀行普通口座とは異なるベーシック普通預金口座と定義されています。(東南アジアの銀行が行うエムペサ型サービスは、通常の銀行口座とは異なる特別な口座を作る場合が多いです)

なお、残高には3%の金利が付きます。また2016年4月には通信キャリアのテレコムセルと連携し、同社のサーバー型電子マネー「Tキャッシュ」と「BTPNワオ!」を、「TCASH—BTPN ワオ!!」として一体運営を開始しています。Tキャッシュの口座でも金利がつけられるようになりました。

インドネシアは世界有数の人口(約2・55億人)と5・5%という高い利ザヤが特徴です。また銀行口座の普及率は36%とまだこれからです。「BTPN ワオ!」は非常にケニアのエムペサに近いサービスです。ロードサイドのキオスクなど様々な代理店を活用しており、店舗での支払いや送金などがエムペサに近い形でできます。(相違点は実行の主体が銀行だという点だけです)

送金手数料をエムペサ並みに安くして銀行利用者を拡大し、将来は高い金利で稼ぐビジネスモデルのようです。インドネシアでは銀行サービスは拡大しているものの支店数などは逆に縮小しています。

理由は代理店にお金の出し入れを任せているためです。インドネシア政府も銀行支店が不要なモバイルバンキングを推奨しています。銀行口座がエムペサ口座並みの手軽さ、低料金で活用できる、言わば銀行がサーバー型電子マネー類似サービスを実行しているのが特徴です。この動きはミャンマーにも広がり、同国ではノルウェー資本の通信キャリア、テレノール（出資51％）と地元のヤナ銀行（出資49％）が合弁組織を立ち上げ、「ＢＴＰＮ　ワオ！」類似のサーバー型電子マネー「ウェブマネー」を発行しています。

なお、類似のサービスはメキシコでシティバンクの子会社が実施しています。

メキシコは２０１０年の銀行口座普及率10％、それが２０１５年には39％まで改善しました。

しかし依然、７千５百万人が銀行サービスの恩恵を受けていないアンバンク状況にあります。メキシコ政府のバックアップの下、米国シティ銀行の子会社であるバナメックス、インバルサ銀行は通信キャリア第1位のアメリカモビルと組んでモバイルバンキングサービス「トランスファー」を開始しています。18歳から30歳の活発なモバイル利用層を初期採用者に転換すべくマーケティングを実施し、成功しています。

これはインドネシアのBTPN ワオ!と同じくケニアのエムペサそっくりのサービスです。2012年4月からサービスが開始され、2013年にはメキシコ国内で約百万口座が開設され、メキシコ国内の代理店の数は3千に達しています。ほとんど無料に近い値段でモバイルによる個人間送金が24時間、365日、リアルタイムでショートメッセージにより可能です。

また小売り業の物理店舗における支払いは、モバイル支払いだけではなく、クレジットカードやデビットカードでのサービスを行っています。そして「トランスファー」のサービスは2015年現在、ラテンアメリカ全体に広がろうとしています。また米国ではメキシコからの出稼ぎ労働者または移民労働者に広がり始めています。

インドネシアで日本の三井住友フィナンシャルグループが、メキシコでシティ銀行が、ケニアのエムペサ型のサーバー型電子マネー類似サービスをそれぞれ地場の銀行と組んで展開する様は非常に面白い事例だと思われます。

■情報処理サービス業界に商機

情報処理サービス業界はアップルペイやアンドロイドペイの上陸などサーバー型電子マネー、更には仮想通貨などフィンテックの登場に燃えています。

その理由は少し前のＩｏＴブームが全くの期待外れに終わったためです。

実際、「ありとあらゆる機器がインターネットに繋がってスマート機器に変貌し、そのため、情報処理業界にお金が落ちる」というのは大きな幻想でした。ＩｏＴの概念はあまりに範囲が広く細切れであり、それぞれの領分は各メーカーが系列の情報処理サービス業者と個別かつ細切れに対応しています。

一方アップルペイなどフィンテックは基幹の情報処理サービスに大きな影響を与え、そのための開発費が大量に流れ込み始めています。

第7章　もしも日銀が仮想円を発行したら

FIN
TECH

■中国人民銀行と仮想通貨

さて中国人民銀行の副総裁である範一飛氏は、隔月刊誌「中国金融」に寄稿し、「中国人民銀行も仮想通貨発行を検討中」という論文を世に出しました。

またそれ以前に2016年1月には、首都の北京で「デジタル通貨検討会」を開催しています。

これは明らかに中国政府が仮想通貨(ブロックチェーン方式による暗号通貨)の発行に前向きである事を示唆しています。

面白いのは仮想通貨の発行を二つのやり方で考えている点です。

まず最初の方法は「中央銀行が直接、発行し流通させる方法」であり、もう一つの方法は従来の紙幣のように「中央銀行と商業銀行の二段階で流通させる方法」です。

また明らかにアリペイのような従来型のモバイルを中心とした枯れた技術による、技術的に単純な「サーバー型電子マネーによる発行方式」と技術的に新しく未成熟で複雑な「ビットコイン型の仮想通貨によるブロックチェーン型発行方式」を比較し、検討している点でしょう。

そして「ビットコイン型の仮想通貨による発行方式」は「魅力があるが新興技術のため未知な部分が多く、運用も難易度が低くなく、見極めに時間がかかる」と述べています。いずれにしても中国の人民銀行が仮想通貨（暗号通貨）の発行やサーバー型電子マネーの普及に前向きな姿勢を示しました。

さすがに中国の中央銀行もアリペイやウィーチャットペイという従来技術を使ったサーバー型電子マネーの台頭を目にして、その次の将来技術に目を向けざるを得なくなったようです。

中国人民銀行の仮想通貨（暗号通貨）理解は非常に深く「仮想通貨（暗号通貨）をサーバー型電子マネーの次の段階」ととらえている点は秀逸だと思います。仮想通貨の役割があいまいな日本のフィンテック法案にもこういった視点を今後の法改正で明確にする必要があります。

■シンガポールがインド、韓国と決済を巡り提携

またシンガポールの中央銀行、シンガポール金融管理局（ＭＡＳ）はインドのアー

ンドラ・プラデーシュ州とデジタル決済に焦点を当てた「ブロックチェーン開発プロジェクト」に関連した提携・協力の合意を発表しています。

一方、シンガポール金融管理局（MAS）は韓国の金融サービス委員会（KFSC）とも2016年10月モバイル決済などをめぐる提携を発表しています。

■英国イグランド銀行は仮想通貨に積極姿勢

さて仮想通貨に非常に積極的なのは英国政府と英国イングランド銀行です。まず2015年3月、英国財務省がロンドンの金融街シティでビジネスを行う金融機関に対し、仮想通貨に関する意見を求めたところ米国のシティ銀行は「英国政府は現物貨幣やクレジットカードを超えたキャッシュレス社会の実現を目指すべきであり、そのために従来の電子的なマネーを超えた仮想通貨を発行すべきだ」と提言しました。

むろん、提言の中ではブロックチェーン方式の技術を高く評価しています。

また2016年7月、英国イングランド銀行は「スタッフのワーキングペーパー605番」と呼ばれる通貨シミュレーションの論文を発表し、イングランド銀行が発行する仮想ポンド（以下仮にEポンドと称します）の可能性について述べています。

　面白いのは2016年2月現在、現物通貨（紙幣やコイン）は市中に出回っているお金のわずか4％であり、ほとんどが電子化を終了していると述べている点です。そして更なる金融の効率化（記帳面、競争面、アクセス面、取り扱い面）のためにはブロックチェーン技術に基づいた「分散記帳」方式が望ましいと述べています。

　そのためにビットコインのような分散発行ではなく中央銀行（イングランド銀行）発行による仮想通貨型のサーバー型電子マネーの発行（CBDC＝中央銀行発行の仮想通貨）を提言しています。

　そしてGDP30％のEポンドの発行で、毎年GDPの3％上昇が見込まれると述べています。通貨を仮想通貨型に切り替えれば、毎年3％の成長が見込めるとなれば、日本の日銀も本気で検討しても可笑しくない数字です。サーバー型電子マネーとビットコインの良いところを折衷したような案であり、フィリピンのEペソと似ています。

■カナダの中央銀行は仮想通貨発行に踏み切る

更に注目すべきは既にカナダ中央銀行であるカナダ銀行は実験的にせよ仮想通貨〝CADコイン〟の発行に踏み切っている点でしょう。

2016年6月の英国フィナンシャルタイムス紙の記事やカナダ決済会議での議論で、その全貌が明らかになりました。

R3コンソーシアムの指導の下、モントリオール銀行、CIBC銀行、カナダ王立銀行、TD銀行、スコティア銀行の5大銀行などが実験に協力しています。やはりブロックチェーン方式を活用しています。

ただし、実際にCADコインが何時本番サービス展開するかなどは何も決まっていないそうです。しかしカナダの中央銀行と大手5行の実験に目途がつけば当然、カナダドルのCADコイン化はテーマに上るとみられています。

なお、2016年6月にはブロックチェーンのスタートアップ企業がIMFや世界銀行主催の会議で米国の連邦準備銀行のトップ、ジャネット・イエレン氏他数百人の各国の中央銀行総裁を前に「仮想通貨の説明」をしています。またR3コンソーシアムなど様々な団体がブロックチェーン決済の標準化やオープン化を検討しています。

■日本政府、日銀はE円（仮想円）を検討すべき

さて各国の中央銀行などが目指しているのは明らかにキャッシュレス社会の実現です。

そもそも通貨の仮想化はある意味でベニスの両替商が決済の「口座振替」を開始した事により始まっています。

同じベニスの両替商にお金を預けている二人の商人の取引では口座の数字を書き換えれば決済が終了し、現物の通貨を動かす必要はないことが理解されたからです。戦後、コンピューターが発達し、オンラインバンキングが普及を始めてから現物通貨が動かない「口座振替」による電子決済は、当たり前になりました。

そうなれば更に先進国で発達している紙の小切手、プラスチックのクレジットカードやデビットカード、更に小口の現物の現金などを電子決済により置き換える必要が

出てきます。（ここまではサーバー型電子マネーやアップルペイなどで実現できます）
しかし更に社会の金融制度を効率化させ、不正を根絶するためにはブロックチェーン方式による仮想通貨の発行が必要です。政府・日銀も世界に遅れた金融制度の効率化の為にもＥ円（法定通貨の円と一対一の固定レート）の発行構想を直ぐにでも作り上げるべきでしょう。一方、日銀は欧州中央銀行（ＥＣＢ）と共同研究を始めています。

例えばスウェーデンやデンマーク、ノルウェーなどの北欧諸国は、クレジットカードとデビットカードのスマートフォン対応とモバイルバンキングによってアップルペイやアンドロイドペイ、サーバー型電子マネーなどを経由することなくキャッシュレス社会の実現に手が届く状況になり始めています。

しかし更なる金融制度の効率化、社会の不正根絶のためにはブロックチェーン方式の仮想通貨への移行が望まれます。

ではアップルペイやアンドロイドペイと中央銀行が発行する仮想通貨の関係はどうなるのでしょうか。決済の基本は現在の法定通貨の場合やＳｕｉｃａのようなサーバー型電子マネーの場合と全く変わりません。Ｓｕｉｃａの代わりにＥ円がアップルペイに搭載され、送金され、支払われ、そして認証コミュニティに報告が行くだけの話です。

■未来のお金の姿はガラリと変わる

２０１０年4月に施行された資金決済法により、銀行以外の一般事業者に少額決済が可能となる資金移動業が創設され、同時に前払い式支払い手段のサーバー型電子マネーへの拡大がなされました。

野村総研は２０１０年7月、日経ＢＰ社発行の『電子決済ビジネス─銀行を超えるサービスが出現する』の中で「近未来予測、ある生活者の一日」と題して、施行された資金決済法の下、いわば「バラ色の夢のようなお金の活用（送金、決済）」を描いています。

そこでは「8時、コンビニで電子マネーから現金を引き出した」とか「22時半、英国留学中の妹に誕生日祝いのお金を（電子マネーで）海外送金した」まで様々なシーンが描き出されています。

しかし改正前の資金決済法では資金移動業（為替取引を担当）と前払い式支払い手段のビジネスとが金融庁により厳密に区分線を引いて運用されたため、資金決済業には残高が持てない、前払い式支払い手段業は残高の銀行払い出しが許されないなど、その実現は２０１４年11月のＬＩＮＥペイの登場まで待たなければなりませんでした。（資金決済業と前払い式支払い手段の同時登録により各種制限が撤廃されたとの無理筋解釈での運用）

しかし２０１６年5月、フィンテック法案が可決され、サーバー型電子マネーの進化形である仮想通貨が認められたため、今後の法改正の方向では野村総研のバラ色の夢を超えてお金の活用の自由化が進むでしょう。

第8章　フィンテックが変える金融の世界

■キャッシュレス社会の到来

さて現在、世間ではフィンテックという用語が盛んに使われ始めています。最後に本章ではフィンテックの全体像を振り返って終わりとします。

フィンテックの実現にはお金のキャッシュレス化、即ちアップルペイやアンドロイドペイなどスマートフォン主体の決済の仕組み、サーバー型電子マネーや仮想通貨など送金の仕組みの改革、決済端末側のNFCチップ化やモバイルポス方式によるキャッシュレス社会の到来が基本となります。（無論、本書で述べたアップルペイやサーバー型電子マネーなどもフィンテックの一部です）

そうなれば電子化されたお金は銀行の枠にとらわれることなく、また仮想とかサーバー型とか呼び方にとらわれることなく、原則、壁を越えて自由に移動します。当初は小口のお金に限られるでしょうが、次第に制限が撤廃される方向に行くと思われます。

そこで本書はアップルペイやサーバー型電子マネーや仮想通貨の普及が後押しするフィンテックの全貌について説明いたします。

■クラウド貸付、投信のＡＩ審査

サーバー型電子マネーであれ、一歩進んだ仮想通貨であれ、アップルペイなどのスマートフォン上での簡便かつ安く早いお金の取り扱いが可能になれば（キャッシュレス社会の到来）、クラウドファンディングと呼ばれるビジネスやＡＩ利用により貸付金の審査が非常に速くなります。

クラウドファンディングの全体の市場規模は２０１５年にはグローバルに１７０億ドルに達したといわれています。

クラウドファンディングというのは一般消費者色の強い個人投資家による一種の貸付金または出資のビジネスを言います。

消費者主体のサービスの場合には商品の先行購買型や寄付型があります。一方、個人投資家色の強いサービスは株式投資型や貸付型と呼ばれています。

さて個人消費者色の強い投資サービスにはスタートアップ企業などの新商品開発を対象とした米国の「キックスターター」や「インディゴーゴー」が有名であり、世界的に活用されています。日本でも類似サービスが次第にはやり始めています。

中には特別なテーマの本を書きたいから調査費を出資してくれとか音楽コンサートを開きたいので資金集めをするなど風変わりな面白いものもあります。通常、こういった場合の出資への見返りは、安く商品が買える、安くチケットが手に入るなどの形で出資が償還されます。一種の前払い購買に近いビジネスと申せましょう。

さてキックスターターを米国で有名にしたのはアップルウォッチによく似た製品であるスタートアップ企業の「ペブルウォッチ」でした。2012年4月から5月にかけてペブルウォッチは約千万ドルをキックスターターで調達しています。これをきっかけに購買目的でのクラウドファンディングは一挙に世界に広まりました。

しかし注目すべきは2008年の大統領選挙でした。初めて誕生した黒人大統領のオバマさんは、国からの選挙援助金をもらわず、草の根での5ドル献金にこだわり当選しました。これがクラウドファンディング（寄付型など）のもとになったといわれています。

既にペイパルなどはありましたが、スマートフォンからのアプリ送金や決済などは、まだ未発達の頃でしたから、送金は古い銀行口座の仕組みを使わざるを得ませんでした。

現在のようにサーバー型電子マネーやビットコインのような仮想通貨、アップルペイなどが整った時代であれば、オバマさんへの献金もモバイル化され、もっと楽だったと思います。

一方ソーシャルレンディング（貸付型クラウドファンディング）とも呼ばれている個人投資家色の強いサービスには、英国の老舗企業ゾーパや米国のプロスパー、レンディングクラブなどがあります。

日本では２００８年創業のマネオが知られています。

キャッシュレス社会が来れば、こういったクラウドファンディングに対する投資が誰でもスマートフォンなどからアップルペイなどでサーバー型電子マネーや仮想通貨を活用し、簡単に行えるようになるでしょう。

ＡＩ貸し付けは一般の貸し付け審査やソーシャルレンディングの貸付審査を人工知能の活用により数分程度で済ませてしまうサービスです。その結果、従来のフィナンシャルアドバイザーなどがいらなくなります。

さて皆様はロボアドバイザーというフィンテック用語をご存知でしょうか。

ロボアドバイザーとはファンドの運用を人工知能（ＡＩ）に任せるサービスを言います。

当然、投資信託などの評価にもＡＩは適用されています。どの領域にどの位投資したらよいか、現状では持っている投信は売りか、買いかなどが迅速にアドバイスされます。

これらのサービスを支えるのがサーバー型電子マネーや仮想通貨、手段がアップルペイなどになるでしょう。場合によっては投資信託を運営する人工知能（ＡＩ）がアップルペイやアップルペイとの連動株式アプリに直接、売り注文を出すかもしれません。（アップルペイの守備範囲も将来拡大するでしょう）

■ナスダックが株式取引にブロックチェーン方式採用

２０１５年11月、ニューヨーク証券取引所と並ぶ有名株式取引所であるナスダックが、ビットコインの取り扱いに詳しいチェインコムと組んで、「未公開株式」の取り引きを開始しました。

未公開株式の売買による所有権の移転をブロックチェーン方式で管理します。

チェインコムにはＶＩＳＡやナダック証券取引所、シティ銀行などが出資しています。

フィンテックはその他保険の領域（自動車保険やヘルスケアなど健康保険）もカバーし始めています。

アップルペイやアンドロイドペイ、サーバー型電子マネー、仮想通貨などフィンテック決済の流れは早晩、キャッシュレス社会をもたらすでしょう。

そう思えば新しい金融への夢が広がります。

FIN TECH

◆核心対談　電子マネー革命がもたらすもの

「現金決済が消えていく！産業構造にも大きな変革の兆し」

インテリジェントウェイブ創業者　安達一彦
日本ナレッジ・マネジメント学会専務理事　山崎秀夫
（司会・『財界』主幹　村田博文）

プロフィール

安達　一彦　あだち・かずひこ

1944年（昭和19年）生まれ。67年横浜国立大学工学部卒業後、日本ユニバック総合研究所に入社。上級研究員、日本シーディーシーなどを経て74年日本マークを創業、社長に就任。以降、日本タンデムコンピューターズ、プライムコンピュータジャパンなどの会社を次々創業、社長に就任。1984年インテリジェントウェイブを創業、社長に就任。2005年取締役会長に就任。11年取締役退任後も、社内では会長と呼ばれる。

山崎　秀夫　やまざき・ひでお

1949年（昭和24年）生まれ。72年東京大学経済学部卒業後、三井情報に入社し、海外システム担当。80年代初頭には三井物産ロンドン支店に勤務、欧州へのソフトウェアの輸出を経験。86年野村総合研究所入社、シニア研究員。2014年退社。Beat Communication 顧問等を務める。

北欧の街角ではついに現金が消えている

――米グーグルがサーバー型電子マネーで日本に上陸してくることが報道されましたね。電子マネーが広がると、通貨政策や中央銀行のあり方、果ては産業構造まで変わる可能性があります。この分野をずっとウォッチしてこられた専門家として、今の状況をどう見ていますか？

山崎　いま世界でいろいろな状況が起きています。たとえば北欧では商品売買で現金がどんどん消える方向にあります。フィンテックというのは、ＩｏＴ（インターネット・オブ・シングス）と言われているものの技術の一部を指すものです。現金が消えていく。ここが大きなポイントです。

ＩｏＴは第３次、第４次産業革命と言われますが、その金融版が起きているわけです。

安達　当社はクレジットカードのセキュリティを手がけている会社ですが、そういうところにも影響が出て来ます。

北欧ではもう現金の扱いは２割を切っていますね？

山崎　そうです。北欧が非常に面白いのは、今のようにフィンテックが騒がれる前からキャッシュレスの方向に向かっていて、スウェーデンやデンマークではついに、銀行が現金を取り扱わない、小売店が現金を受け取らないというところまできています。

――これはいつ頃からの動きなのですか。

山崎　この数年、特にスマートフォンが出てからです。だから、ＡＴＭ（現金自動預払機）がスマートフォンになったような感覚です。

安達　プリペイドカードがスマートフォンに乗っかっている。アップルのアップルペイなどがそれです。

山崎　だからＡＴＭはいま、北欧では撤去が始まってます。銀行の支店ではかなりの場合、現金を取り扱っていません。

――日本ではセブン銀行などがこれからまだどんどんＡＴＭを設置していく流れですね。

安達　だから日本でもＡＴＭで自分の銀行カードを入れたらプリペイドカードが出てくるようにすればいいと思いますね。

山崎　先進各国で携帯電話が普及して固定電話の電話ボックスが消えていった。それと同じことが北欧ではＡＴＭでも起きているのです。

安達　もう一つの動きは、ピア・ツー・ピア（Peer to Peer、Ｐ２Ｐ）、個人間のカードでの送金。香港の銀行はこれをやると言っていますね。

――ピア・ツー・ピア、つまり個人間の取引きですね。

山崎　そうです。ピアとは仲間のことですね。

安達　いま個人間のお金の授受は、金融機関を通すか、現金でするしかないですが、相手が持っているカードを通してお互いに決済してしまう。

スタートアップ企業が自分たちで資金調達

――通貨のありかた、通貨行政全てに影響が出ますね。金融機関と中央銀行という金融の統制の仕組みが崩れてくる。

安達　崩れていきますね。

山崎　クレジット業界でも、米国のマスターカードは、自分たちのモデルをこれまでのＰ to Ｍ（Ｐは人、Ｍはマーチャント＝小売店）、個人が店でお金を払う・決済することから、これからは個人間、Ｂ to Ｂなどビジネス間の送金を全てカバーするようにしていく、と言っています。カード業界がそう言い出している、では銀行はどうするか、という話です。

もっと激しいのはスタートアップ企業です。銀行もいらない、証券会社もいらない、自分たちで直接、資金調達ができると言い出しています。大変な時代です。

安達　「クラウドファンディング」がここでのキーワードです。大企業でも最近、どこかがやり出している。ネットで小口に現金を集められます。

山崎　個人が行う寄付型・購入型の場合だと、金融商品取引法の規制も受けません。

――　金融機関の仲介機能が一部、代替される？

安達　そうですね。メガバンクはもう、社員を2千人ぐらいに減らして、大企業相手の貸付けだけしていけばいい、という事態にもなりかねない。

――　でも融資や投資の審査業務は残りますね。

山崎　いやそれもＡＩ（人工知能）がやるようになります。

安達　どこまでできるようになるかは分かりませんけれど。米ＩＢＭの人工知能ワトソンが、人のコンサルタントに勝ってしまっていますね。そのうち審査業務のようなものは全部、ＡＩに任せようということになるでしょう。

——根本的に、ＡＩは人を超えられるのですか。

安達　それは分かりません。シンギュラリティ（Singularity＝技術的特異点）がいつ到来するか、という問題ですね。

山崎　わたしはまだしばらくは平行になるのではないかと思っています。基本的なものは全てＡＩが行い、最後の判断だけ人がやる、ということでいいのではないか。

安達　ＡＩには大きく分けてテクノロジーとしては3種類あるのです。いま、みんながＡＩといってるのは、「ニューラルネット」のことです。ニューラルネットは、データーを入れるとどんどん賢くなるけど、これだけではたぶんうまくいかない。なぜかというと、実際、米マイクロソフトが試したのですが、悪いＡＩになってしまうのです。悪い仲間が悪いことばかり言っていると悪い人間になってしまうのと同じですね。

たとえば審査でも、犯罪者が悪い情報ばかり放り込んでいると、その審査能力にも疑問符がついてくる。手前味噌になりますが、当社でやっている不正検知は「ルールベース」というＡＩを使っています。それには人間の知恵が入っているのです。中身を見ることができる。

もう一つは「ファジィ」というものです。アメリカの戦闘機はファジィを使っています。これがパイロットの補完をしています。ファジィやルールベースにはダイレクトに人間の知恵が入っています。しかし最後の判断はやっぱり人間がまだしばらくやることになるのだと思います。

〝爆買い〟中国・銀聯カードは電子マネーに追い抜かれた

――ＡＩで代替できる仕事は増えてくる？

山崎 ファイナンシャルアドバイザーの数は減ると言われています。ブローカーなども。

安達 ＩｏＴの発達で減っていくのは、あらゆる分野の中間の仕事を担っている人間ですね。たとえばそれは商社であったり、中間管理職であったり。アドバイザーのような仕事もいらなくなる。

山崎さんが言う通り、フィンテックはＩｏＴの金融版です。だからこれが進むと、金融分野で中間の人間はどんどんいらなくなっていく。銀行自体もいらなくなってしまうかもしれません。

安達　逆に既存の銀行で残るものは何だと考えますか。

山崎　リテール系の小口現金取引きは残るのではないか。それから、あらゆる取引きが出来る仕組みを作っている金融機関は残るでしょう。マスターカードはそれで生き残ろうとしてるわけです。

それもスタートアップ企業が破壊してしまうかもしれないですね。ただ、技術革新が激しい分野なので、どんどん新しい企業が出てきて、この分野は多様な形態になっていくと思います。

安達　ＥＣ（電子商取引）分野はどう変わっていきますか？

山崎　ＥＣの会社がこの分野と融合していくでしょう。

一体化するでしょうね。いま言われているのはアマゾンがフィンテックの分野にいずれ出てくるだろうということです。ライバルのeBayはサーバー型電子マネーのペイパルを持っていますからね。これを真似て、中国のECでは物理店舗の決済を行っている銀聯カードより、もうアリペイとかWeChatペイの方が金額が大きくなっています。

安達 そう。WeChatペイとアリペイが銀聯を追い抜いた。

山崎 これはペイパル型の、サーバー型電子マネーです。

安達 今度、香港政府は5社のサーバー型電子マネーを認可しました。その中にアリペイとWeChatペイが入っています。

WeChatペイもアリペイも、基本はSNS上と一緒。安くて簡単。メッセージ送るような形で送金できるのです。

アフリカにも一気に広まる電子マネー

――手数料がかからないということですね。東南アジアから日本などに出稼ぎに来ている人が送金するのに使いやすい。

山崎　そうです。中国人の爆買いでは、日本で買った商品を中国に持って行って向こうのSNSであるタオバオで転売している例が大半です。タオバオのメッセージサービスを使って「これ買ってくれ」「あれ買ってくれ」と、日本にいる中国人に指示も出せます。そして決済はサーバー型電子マネーを使う。

安達　そこでアリペイを使ったり、WeChatペイを使ったりしているわけですね。

山崎　そう。だから、もう完全に中国のほうが日本より進んでいるんですよ。

――日本より進んでいる。

山崎　そうです。

安達　それは規制が追いついていないからです。

――中国は今度、関税を掛けたので爆買いが減ってしまっているけれど、サーバー型電子マネーは抜け道になっている？

山崎　その可能性が高い。

安達　中国当局は割とそういうところが適当だから逆にいいんです（笑）。日本政府は管理・規制をきつくやっているから、なかなか新しいものに入っていけない。こういうものは規制のないところに一気に広まる。一番いい例がケニアですね。

山崎　ケニアだけでなく、アフリカの状況は、産業革命とＩｏＴ革命が同時に来ているわけです。先進国は産業革命が先にあって成熟社会になり、その上でＩｏＴ革命がきた。この違いは大きい。

アフリカでは中産階級がいま成長しつつありますが、まずモバイルフォンが普及して、７割ぐらいがモバイルフォンを持っています。他のネットワークより先にモバイルネットワークが普及している。

安達　他のネットワークは無いに等しいんですね。

山崎　銀行ネットワークができる前にモバイルネットができてしまった。だからお金のニーズが出てきたら、通信キャリアが「うちで預金を」、「うちで貸付けしてあげる」と。みんなＮＴＴドコモのような会社に預金しているわけです。これがケニアでは「Ｍペサ」というサービスですね。

ケニアの成人は約２８００万人いて、そのうちの約２０００万人がそれを使っている。残りはライバルのサービスを使っています。

――アフリカでは電子マネーがどんどん普及しているということですね。

山崎　そうです。ケニアからナイジェリアやルワンダ、南アフリカにそれが波及して、さらにインドへと波及しています。

東南アジアは少し先を行っていてベトナムやシンガポール、カンボジア、タイ、インドネシア、ミャンマーなどでもサーバー型電子マネーが普及し始めています。

中国政府は電子マネーを規制しきれない

――アフリカが先にこの分野では先進国になっている。これはどうして、そんな事が起きるのか？

安達　やはり規制がないからできるのです。だから規制はできるだけないほうがいい。フィリピンでも電子マネーのEペソが出ています。

――Eペソというのは、どこが発行して管理しているのですか？

安達　フィリピンの中央銀行です。たぶん英国の中央銀行であるイングランド銀行が考えているものと同じものを、すでにフィリピンでは始めているわけです。フィリピンはアメリカ政府のお金を使ってシステムを作った。

――アメリカ政府はその将来性をよく分かっているということですね。

安達　そうでしょう。

――中国に話を戻しますと、共産党政権は必ずコントロールしようとしますね。どうなりますか。

山崎　銀聯カードは中国国立銀行系の最大のクレジットカードですから、規制でがんじがらめなのです。ところがアリペイやWeChatペイというのは民間。

安達　しかもベンチャーですから。

山崎　勝手にやっているわけです。その差は非常に大きくて、たとえば米アップルが銀聯カードと組んだけれど、いま中国では完全にサーバー型電子マネーに蹴散らされています。

――共産党政権でも電子マネーをコントロールできない?

山崎　規制の仕方が難しいのでしょう。

安達　結局、中国は社会主義市場経済だと言っても、実態は資本主義ですから。

山崎　そうですね。だから共産党政権がいつまで持つか、という話にも繋がります。

安達　そう。なぜかというとそれを使って海外にお金を持っていけるからです。富裕層は皆、共産党員ですからね。

――習近平の汚職摘発政策も難しくなると。

安達　難しいでしょうね。ある意味で中国共産党政権は崩壊の過程に入っているとわたしは思いますね。

山崎　中国のEC大手アリババはアマゾンや楽天のライバルになりますが、ここが2014年に米ニューヨーク証券取引所に上場して、いま世界中で展開しようとしていますね。

安達　アリババのモデルは3つあって、1つがB to Bこれがいわゆる「アリババ」です。それからB to Cの「テンネコ」。3つ目がC to Cの「タオバオ」で、eBayと同じ、個人間売買です。それで、ここでの決済にアリペイ使っている。アリババはいま東南アジアやオーストラリアから全世界に向けて広げていくにあたって、その手段の1つとして、フィンテック、サーバー型電子マネーのアリペイを使っているのです。

安達　オーストラリアはたぶん、すぐにネットの決済ではアリペイに席巻されるでしょう。

■「社会の仕組みが変わり、金融も新しいシステム作りが始動、第二の金融ビッグバンを迎える」

中央銀行が管理する電子マネーが登場

——現状では中国やアフリカなど管理が追いついていないところでサーバー型電子マネーが一気に広がっている、とのことですが、このあと有力な産業として勃興してくれれば、他の産業同様、ある程度、コントロールする機能はやはり必要になりませんか？

安達　管理するものが何もなかったら、それはそのうち混乱が起きてきます。詐欺が出てきたり、ハッカーが出てきたりもします。やはり管理やチェック機能は必要です。いま、英国の中央銀行であるバンク・オブ・イングランドなども対応策を考え始めましたね。そうした、きちんとしたシステムを作っていく動きは出てくるでしょう。

ただし、今は無政府状態なのです。それで逆に爆発的に普及している面がある。

山崎　そこでは今、それを「ブロックチェーン」を使って、分散処理で管理するか、それとも、従来型の中央コントロールでやるか、という論争があります。

どちらが効率的か、どちらが不正に強いか、実現が現実的に可能か。いろいろな実験を行っています。あと5年もすれば結論が出るのではないかと思います。

――見通しはどちらに軍配が上がりそうですか。

山崎　ブロックチェーンでいければ、それはもうやはりコストがかからないし、新しい技術ですから、勝つのではないかと思います。

安達　わたしは山崎さんとは違う考えで、ブロックチェーンは全くダメだと思いますね。

なぜかというと、ブロックチェーンというのは分散データベース、分散処理ですね。コンピュータサイエンスの面から言うと、分散処理が金融の世界でうまくいったためしがないのです。この60年間、ずっと中央コントロールが勝ってきました。だから、今度もたぶん、分散型はダメでしょう。

これは理論ではなくて、この業界で50年やってきた経験から、直感で言っているだけなのですけれど。

でも今はインターネットの時代ですから、いろいろな事が激しく変化し旧来の常識を突き破って新しい流れが出てきている。正直、わからない部分もありますね。

――インターネットで分散型だとやはりコントロールが難しいということですか。

安達 そうですね。ブロックチェーンというのは、そもそも管理もないのですから。

――こと金融分野に限れば、安全・安心の面から管理は絶対に必要になりますね。

安達 そうでしょう。インターネットだってドメインの管理はしているわけですから。インターネットはいま、分散しすぎて、ちょっと犯罪の巣窟になる可能性も出ていますからね。だから結局、サーバー型電子マネーも、中央コントロールでいくのではないかと思います。

「ブロックチェーン」と電子マネーは本来、別もの

山崎　わたしはそこはもう、実際にやってみなくてはわからないと思っています。
　スケーラビリティと言われていますが、その規模で対応できるかが問題です。ブロックチェーンでは今、いろいろな分野のことをやろうとしていますね。音楽著作権の配布から、不動産登記の移動まで、いろいろ試みられていますが、実際、どの領域でどれぐらい役に立つかはわからないのが実情です。
　小さいシステム、たとえばナスダックの一部の銘柄だけ扱うといったことなら、うまくいくのではないかと思いますね。

――ブロックチェーンは既に実際に使われている？

山崎　一部使われています。

安達　小さいシステムは動いていますね。大きいものがなぜ難しいかというと、金融はレスポンスも大事な要素だからです。瞬時に応えなくてはいけない。コンピュータやデータベースがいっぱいあって分散処理だったら、どうやったって早く回答できないです。

――金融にブロックチェーンが広まるには時間がかかる？

安達　時間をかけていたら普及は無理でしょう。コンピュータ業界の歴史を見ていくと、そういう結論です。

ただ、インターネットの世界ですから、小さいシステムがうまくいって、それが徐々に広がる可能性はないことはない。だけど、今の技術のままではやはり難しいと思います。

——電子マネーでは中国がいま進んでいる、ということでしたが、ブロックチェーンもそうなのですか。

山崎　中国の電子マネーはブロックチェーンをやらないで始まっていますね。

そもそも仮想通貨やサーバー型電子マネーと、ブロックチェーンというのははっきり言って、関係のない話なんですよ。

安達　ブロックチェーンというのは、コンピュータの使い方の一つです。みんな混乱していると思いますが。

金融機関とも基本的には関係のない話です。

あの仕組みがうまくいけば、要するに、管理がいらなくなる、と言われているわけです。これで商社機能はいらなくなります。そのうち契約も、商取引もなくなるでしょう。

——ブロックチェーンが普及するとそうなると？

安達　結局、コンピュータのサーバーでどう処理するか、という仕組みの問題なのです。

いまの日本の法制のままではもちろん、できないのですけれども。だから実際、使っているのは中国人ばかりです。

大手新聞に、（ブロックチェーンを使った仮想通貨）「ビットコイン」を日本人は使っていないのは遅れている、とおかしなことが書かれています。もともと中国人があれを使っているのは国外にお金を持ち出すため、逃げるのが目的ですからね。

山崎　ビットコインのような仮想通貨と、サーバー型電子マネー、何が違うかといったら、サーバー型電子マネーは決済の対象で、その要素しかありません。一方の仮想通貨は、決済のほかに、たとえば実通貨「1円」に対していくら、というように為替のようにレートを設けて変動させています。

だから仮想通貨はいわゆるスペキュレーション（投機）の要素を持っている。

違いはそこです。

マイナンバーと組み合わせて貧困対策にも使える

――いわゆる仮想通貨と、サーバー型電子マネーの違いは投機があるかないかだけだと。

山崎 仮想通貨とサーバー型電子マネーは、もともと同じものなのです。

安達 違いは結局、秩序の問題と言っていいでしょう。いずれサーバー型電子マネーに収斂されるしかないでしょう。

――電子マネーで新しい便利さが加わると考えればいいわけですね。従来のシステムは残ることができるのですか。

安達 わたしは残らないと思っています。

山崎 全部、作り直しが必要になるでしょう。

だから、第二の金融ビッグバンだと騒がれているのです。

安達 わたしはたとえば、日本で生活困窮、貧困対策としてサーバー型電子マネーを使えばいいと考えているのです。

ヘリコプターマネーではないけれど、貧困が把握されているところには、マイナンバーを使って税金徴収と逆のやり方で、個人の口座にサーバー型電子マネーを振り込めばいい。

貧困対策が経済対策として一番いいと考えられるのは、ばらまいたお金は必ず消費に回るからです。本当に生活が困っている人、奨学金が必要だったり、そういう人に配るのです。

山崎　それはいい考えです。シングルマザーには確実に渡るようにすればいいですね。電子マネーに対して、日本の政府は実際にはどう動いているのですか。

――　金融庁は意外とまともな議論をしています。2016年5月にフィンテックを推進するための銀行法改正が行われましたね。これは1つは、仮想通貨について整備するものですが、もう1つは銀行のフィンテックを全面的に認めるものです。それはいいのですが、この法案でスパっと抜け落ちていたのがサーバー型電子マネーの議論です。

山崎　それで、その抜けていた議論を7月から始めています。今回は何を議論しているかというと、日本のサーバー型電子マネーの、いわゆる区分規制です。日本の縦割り規制は非常にたくさんあって、このままでは実質的に何もできない。だからそれを撤廃する方向です。

規制緩和の方向で法律は改正されるでしょうが、何と、金融庁は法律を改正する前に、全面的に規制緩和をしています。

ですからSNSのLINEがやっているLINEペイや、ヤフーがやっているヤフーマネーにはいま、実際には米国並みに規制が外れています。

対中国電子マネーでLINEが金融庁に泣きついた?

――これから規制する?

山崎　今は規制を外しているのです。

どうして規制を外しているかについてはたいへんな話があって、要は対中国です。2014年にメッセージサークルのWeChatが春節の2月に、友達同士で少額のお金を送り合うことを始めました。これは中国のお年玉の習慣ですね。

WeChatというのはＬＩＮＥのライバルで、ここがサーバー型電子マネーで送金を自由にできるようにした。これが爆発的に流行りまして、ライバルのアリババのＣＥＯジャック・マーが真っ青になった。それ以上に真っ青になったのが日本のＬＩＮＥです。なぜなら今アジアで彼らは競ってるからです。WeChatに完全に負けてしまう。それでどうやらＬＩＮＥは金融庁に泣きついたらしい。金融庁は一挙に自由化した。法律改正も何もやっていません。ＬＩＮＥのためにアジアでも使えるようにしたのです。

金融庁としては様子を見ていたのです。２０１４年に仮想通貨のマウントゴックスが潰れて、仮想通貨を規制すべきかどうか迷っていた。一方で欧米ではフィンテックへの投資が拡大して、既存の銀行業界は規制緩和に傾いた、仮想通貨を認めてくれと。

サーバー型電子マネーも放っておけないはずですが、議論はずっと仮想通貨で来ていました。ブロックチェーンに至るまで皆、そちらしか見ていない。よく考えたらサーバー型も認めざるを得ないと気が付いた。それでＬＩＮＥペイを一気に認めた。ここまで来ると誰も批判しないだろうという読みです。

5月にフィンテック関連法案を通し、その時点でヤフーマネーも出てきた。フィンテック関連法案が2017年5月までに施行される時点で、NTTドコモ、KDDI、ソフトバンクの各通信キャリアは全て、サーバー型電子マネーを持つことになるはずです。

安達 まあ、金融庁は様子を見ているのは間違いないですね。これからどうなるかわからないですから、法律の作りようがないのです。

たぶんいま、現場がわかっていないから、やってみて失敗したら少しずつ規制をかけていくやり方ではないかと思います。

山崎 たぶんそうでしょう。

―― 通信キャリアが取り組むサーバー型電子マネーも注目されますね。

山崎 KDDIが持っているauウォレットは、自分たちはいわゆる〝土管屋〟になるのを避けるために、利子等で稼ぐのが狙いだと言っていますね。フィンテックを使って、一方でキャリア決済、もう一方でサーバー型電子マネーを行う。もう実際に始めています。

全米の銀行間で今やペイパルはドルと同等扱い

――英国の中央銀行が「Eポンド」を作るべきだという報告書を出したとのことですが、日本も国が管理する「E円」を出すべきではないかというのが安達さんの考えですね。

安達　はい。結局、通貨の主権を海外勢に持って行かれるのはまずいのではないか、という話です。SNS（ソーシャル・ネットワーク・サービス）のLINEも、資本は韓国系ですからね。
　SNSでは、日本はmixi（ミクシィ）がほぼ駆逐され、facebook（フェイスブック）は米国です。だから日本のSNSがない。電子マネーはSNSの延長で出てきている。SNSはインフラです。そのインフラを取られてしまったのはまずい。

山崎　Google（グーグル）が広まったときと同じ、状況は変わっていません。日本企業がリーダーシップを取っていません。

安達　その意味ではヨーロッパも同じですけれど。力が強いのが米国勢と中国勢です。

――先ほど北欧は進んでいるという話でしたが。

安達 北欧はフィンテックが進んでいるというより、キャッシュレスが進んでいるのです。

山崎 主体はクレジットカード会社。その状況下でフィンテックが出てきた。珍しい例です。

安達 デンマークとスウェーデンは統一通貨・ユーロを採用していない、自国通貨ですね。

山崎 フィンランドはユーロを使っていますが、同じように貨幣の流通が減ってキャッシュレスが進行している。でもユーロが足かせになっていて、それ以上は進まない。スウェーデンとデンマークは足かせがないから先に行っているわけです。

いま電子マネーに対する規制がどうなっているかというと、米国で一番有名なサーバー型電子マネーはpaypal（ペイパル）で、これは個人間オークションのeBay（イーベイ）から出てきたサービスです。米国ではペイパルはACH（Automated Clearing House）という銀行の小口決済機構に参加しています。お金の払出しと振込みが手数料なしでできる。これでクレジットカード会社がたいへんな危機感を持っているのです。

――金融の産業インフラがガラッと変わってきていると。

山崎　そうです。ペイパルに対してはほとんど規制がない。従って米国の場合、電子マネーは、たまたま民間会社が扱っている、ペイパルというサービス名がついている通貨というイメージです。実質的にドルと同じ、何の規制もありません。

ペイパル先行に慌てたアップルとグーグル

――米国では電子マネー、仮想通貨が一般の通貨と同じ機能を果たしているわけですね。

山崎　はい。サーバー型電子マネーと言われているものは、米国ではドルと同じで、自由に市場を回っています。ペイパルはお金の名前というより、実態はサービス名です。

極端に言えば、通貨がキャッシュレスの方向で電子化されていっているわけです。

安達　通貨というのはもともとサービスだったわけです。信用で成り立っている。だからSNSの符号でも何でもいいわけです。そこに信用があれば。

SNSでものを流通させるのは簡単だしコストも安い。電子マネーはそれに乗せればいい。銀行口座を作らないで済む。発展途上国では銀行口座を作れる人は少ない。中国だって銀行口座を持ってる人は人口の6割もない。だけどSNSのアドレスなら誰でも簡単に持てます。

山崎　クレジットカードだって中国で持っている人は5%ぐらいしかいない。だから皆、使っているのはデビットカード、銀聯カードはデビットです。でも圧倒的多数は今、電子マネーに移っています。

それで今、慌てているのが米アップル。電子マネー対応のApple Pay（アップルペイ）を出したが歯が立たない。ここで日本企業の出番なのですが、アップルのiPhone7（iフォン7）には何と、ソニーのフェリカチップが入っています。

2012年にフィリップス系のNXPセミコンダクター、韓国サムスン、ソニー系のフェリカネットワークスの3社で、NFCと言われる小売店のPOSに関わる国際標準規格で合意しました。この3社規格のチップがようやくできた。このときフェリカネットワークスが世界に向けて英語で発表したのは、フェリカが世界標準になった、という内容でした。それで世界中のマニアがiフォン7を分解したら、出てきたのがフェリカチップだったのです。

安達　世界中のiフォンにはフェリカチップが入っている。

山崎　フェリカネットワークスの株主はソニー57%、NTTドコモ38%ちょっと、残り約5%がJR東日本。JR東日本のプリペイドマネー、Suica（スイカ）はフェリカを使っていますから、NTTドコモとJR東日本はもともと全面協力しているのです。

――するとソニーはかなりいい立場にあると。

山崎　全世界のiフォンに搭載されるわけですからそうなりますね。

安達　これでグーグルは逆にあせっている。世界のAndroid（アンドロイド＝グーグルのスマートフォン向け基本ソフト）採用スマホには、まだこのチップは搭載されていないからです。日本のアンドロイド・スマホには搭載されていますが。

山崎　アンドロイドのスマホはハードウェアメーカーが勝手に作っているので、グーグルがコントロールしようとしてもできないのです。
ただし、恐らくフェリカがアンドロイドにも波及していくと思います。支えているのがソニーとNTTドコモ、JR東日本。その上に今度、Suicaの「アップルペイ化」があるのです。

スマホ搭載Suicaはアップルペイ化

――Suicaのアップルペイ化とは？

安達　いま日本の携帯端末では、アップルのiフォン以外ほとんどの機種でSuicaが使えます。今度、iフォンでもSuicaが使えるようになりました。

山崎　その最大のポイントは、Suicaが電子マネーとしての性質をガラッと変えたことにあります。今まではモノ支配論理。カードの中にバリューがあり、ここから一歩も動かなかった。IoT以前の考え方です。
ところが今回、Suicaをサーバー型電子マネーに全面的に作り変えた。

ＪＲ東日本は、全く新しいサービスだと発表しています。この中身がたいへんなのです。これを実現したのがＮＴＴドコモとＪＲ東日本とアップルの連合体。だから話がこれだけで終わらない。

アップルペイが扱う電子マネーはサーバー型電子マネーだけです。そこで、全国の店舗のＰＯＳシステムで決済するときのために、この連合体では、ＮＴＴドコモが細々とやっていたサーバー型電子マネーの決済方式「ｉＤ（アイディ）」と、同じくクレジット会社のＪＣＢがやっていた「ＱＵＩＣペイ（クイックペイ）」の２つを全面改組して、あらゆるクレジットカードで決済できるサーバー型電子マネーを作ったのです。

結局これは、ＮＴＴドコモの一人勝ちになるとわたしは見ています。

山崎　――ドコモに手数料が入るからですか？

安達　金融的な利益よりも、通信キャリアが日本中の小売店を押さえた、ということが大きいのです。

携帯端末にお金がいっぱい入っているというイメージですね。それでＰ２Ｐ（peer to peer 個人間取引）もできる。だから個人間の送金もできます。アンドロイド端末ではまだできませんが、iフォンならアプリケーションを作ればそれが簡単にできるようになります。

――全く銀行が必要なくなるわけですね。

山崎 そうです。それがアップルが狙う次のサービスだといわれています。

――そのシステムをNTTドコモもしくはNTTデータが握ることになるわけですね。

山崎 そうです。NTTドコモには2008年のトラウマがあるのです。何かというと、ライバルのソフトバンクにiフォンを押さえられ、その後ずっと長い間、市場シェアが減り続けた。これがトラウマです。だから今回、大胆にも電子マネーでJR東日本、ソニーと組み、アップルに直訴して、アップルに全面協力してSuicaをiフォンで使えるようにした。これがすなわち、Suicaのアップルペイ化です。

――海外のアップルペイと、アップルペイ化したSuicaとでは何が違うのですか?

山崎 たとえばアップルペイでロンドンの地下鉄に乗るとき、iフォンをかざせばクレジットカードからそのまま決済します。ほかの電子マネーを通す必要はありません。日本の場合、このＳｕｉｃａにお金を一端通す必要があります。決済するときもＱＵＩＣペイかｉＤのどちらかの決済方法を選ぶことが必要です。要するに、Ｓｕｉｃａという名前は同じでも、仕組みがこれまでと全く違います。だからキャリアであるＮＴＴドコモの一人勝ちなのです。

安達　こうなるとたいへんなのが従来のＰＯＳシステムをやっている東芝テックですね。

日本は部品に強いがプラットフォーム作りに弱い

――ＰＯＳがなくなる？

安達　そうです。店舗での決済では、リクルートが始めた「エアレジ」というのがあって、これはタブレット端末があればどんな場所の店でも使える。従来のＰＯＳはいらなくなります。

山崎　エアレジはＬＩＮＥペイやアリペイ、WeChatペイが使っています。アップルとは違う決済方式です。インターネット決済に近い。

アップルは実店舗の決済に出るとき、伝統的なＰＯＳの延長でいくか、アップルストアで使っているインターネット型を実店舗に持ち込むか、どちらにするか迷いました。結局、小売業界及びカード業界の主流の考え方に合わせてきた。

安達 アップルはＶＩＳＡ、マスターカードと提携したわけです。エアレジに関しては、リクルートがどこまで本気でやっているのかがまだわからないですね。

―― とにかく電子マネーとその決済の部分にはいろいろな企業が絡んでくるわけですね。

安達 いろいろなところから参入できるのが、今この分野の状況です。

一秒間にどれぐらい取引があるか、というトランザクションを見ると、日本では楽天カードが既存のクレジットカード会社に勝っているのがわかります。でもその楽天でさえも、次をどうするかが全く見えていない。結局、様子見をしているということなのでしょう。

―― 様子を見ていたら商機を失わないですか？

安達　失うでしょう。ソフトバンクもアームなど買収している場合ではないと思うのです。なぜこの分野にもっと力を入れないのかと思います。

――結局、日本は規格、プラットフォームで主導権を握るのが下手だということですね。

安達　そうです。ＩＳＯスタンダードも欧州が主流です。でもそれらの製品を底辺で支える部品を供給しているのは日本企業がやはり圧倒的です。これはｉフォンでも同じ。ニューヨークタイムズにも書かれていましたが、ｉフォンは１台売れたら、６割は日本の部品会社がもうかるのだと。そこはまだ、中国ではないのです。

ですがコンセプトを作ったり、インテグレーションをするのが日本は弱い。だからこそ日銀が主導して「Ｅ円」を作るべきなのです。

この対談は『財界』２０１６年10月４日号、10月18日号、11月１日号（秋季特大号）に掲載されたものに加筆、修正を加えたものです。